DES SOCIÉTÉS

PAR

ACTIONS.

Paris. — Imprimerie de Cosson, rue Saint-Germain-des-Prés, 9.

DES SOCIÉTÉS

PAR ACTIONS,

PAR M. L. WOLOWSKI,

Avocat à la Cour royale de Paris ;

RÉDACTEUR EN CHEF DE LA REVUE DE LÉGISLATION ET DE JURISPRUDENCE,

PARIS,

AU BUREAU DE LA REVUE DE LÉGISLATION ET DE JURISPRUDENCE,

RUE DES BEAUX-ARTS, 9.

1er Mars 1838.

DES SOCIÉTÉS
PAR ACTIONS [1]

INTRODUCTION.

La rapide essor de l'association, phénomène subséquent à un vaste mouvement industriel, est, de nos jours, qui s'étend et grandit tous les jours, alors des éléments les plus impérieux de notre ordre social. Ramenée démocratique des institutions nouvelles, les restreint et subdivise les fortunes, le côté de l'homme borné à l'industrie des voies plus larges, qui sollicitent de puissants efforts, rien de plus efficace, pour écarter les dangers de cette opposition, que de le plus ordinaire du contre commun des éléments fractionnés, dispersés, qui isolés, désunis, se consommeraient en des tentatives stériles et ne tarderaient pas à s'offrir devant l'influence énergique et absorbante des grands capitaux.

Le législateur doit donc aujourd'hui, sous peine de manquer à sa mission, protéger le libre développement de

(1) Ce travail a paru dans la Revue pratique de droit français et de jurisprudence, en deux articles dont l'un... et l'autre après la présentation du projet de loi... par le... à la Chambre des députés.

DES SOCIÉTÉS

PAR ACTIONS [1].

INTRODUCTION.

Le rapide essor de l'association a donné naissance à un vaste mouvement industriel; cette force nouvelle, qui s'étend et grandit tous les jours, dérive des nécessités les plus impérieuses de notre ordre social. En même temps que l'influence démocratique des institutions morcelle les patrimoines et subdivise les fortunes, le génie de l'homme ouvre à l'industrie des voies plus larges, qui sollicitent de puissans efforts; rien de plus efficace, pour détruire les dangers de cette opposition, que de faire refluer vers un centre commun des élémens fractionnés, disséminés, qui, isolés, désunis, se consumeraient en des tentatives stériles et ne tarderaient pas à s'effacer devant l'influence énergique et absorbante des grands capitaux.

Le législateur doit donc aujourd'hui, sous peine de manquer à sa mission, protéger le libre développement de

[1] Ce travail a paru dans *la Revue de législation et de jurisprudence*, en deux articles dont l'un a été publié avant, et l'autre après la présentation du projet de loi *sur les sociétés par actions*, à la Chambre des députés.

l'esprit d'association et le garantir des abus qui pourraient l'empêcher de pousser des racines profondes. Nos Codes, magnifique formule des conquêtes de la révolution, n'ont pu régler les faits économiques, dont l'importance, alors à peine sensible, a tant grandi de nos jours. Et gardons-nous de nous plaindre des lacunes qu'ils présentent sous ce rapport ! La puissance législative ne crée pas les faits, elle ne saurait les devancer sans péril ; appelée uniquement à protéger un mouvement naturel, elle en régularise l'action, une fois que, grâce au silence de la loi, ils se sont manifestés sur une large échelle.

Alors vient le moment de s'élever, au moyen d'une généralisation puissante, des faits particuliers aux principes dominans de la matière ; une circonstance trop commune en impose la nécessité. Ces essais libres, spontanés sont rarement à l'abri d'erreurs et de mécomptes ; les hommes de mauvaise foi, impatiens d'un lucre facile, ne tardent pas à profiter de cette liberté sans limites, et des entreprises scandaleuses soulèvent bientôt une réprobation énergique et risquent souvent d'étouffer dans leur germe les idées les plus utiles, les plus fécondes.

Il faut alors que le législateur intervienne ; instruit par l'expérience, il mettra le principe et les conséquences légitimes du principe, à l'abri des abus et des écarts ; il assurera, au moyen de digues habilement construites, une abondante régularité.

Les sociétés par actions ont été le levier mis en œuvre par l'esprit d'association ; expression de besoins nouveaux, elles ont dû revêtir une forme nouvelle. La *commandite*, telle que le Code l'avait organisée, a servi de point de départ, mais elle s'est vue imprimer un caractère distinct et donner une tout autre extension.

Est-ce un bien, ou un mal ? Le développement de l'industrie demande-t-il qu'on se rallie à des principes nouveaux ? Faut-il accepter et organiser cette forme de sociés d'origine récente, ou doit-on l'abolir ? Telles sont les graves questions qui se présentent dès d'abord.

Les faits nécessaires se reproduisent seuls avec une certaine persistance, car pour résister aux abus inséparables d'un régime de liberté absolue et sans contrôle, il faut que le principe d'une institution soit bien énergique. Du moment où les sociétés par actions n'ont pas succombé sous les nombreuses déceptions et les friponneries insignes auxquelles elles ont servi de manteau, nous devons reconnaître qu'elles possèdent une grande puissance de vitalité. Elles ont appelé les capitaux civils dans le commerce et l'industrie, et pour faire apprécier la portée de d'immense service rendu par les sociétés en commandite ainsi transformées, il nous suffira de dire que des calculs exempts d'exagération portent à plus d'un milliard des valeurs engagées dans ce genre d'entreprises.

Quelques années ont suffi pour obtenir ce résultat vraiment colossal, et, en présence d'un pareil fait, comment songer à supprimer un instrument d'une telle puissance ?

C'est qu'aussi les sociétés par actions, qui sont basées sur le principe de la commandite, réunissent tous des avantages qui appartiennent aux diverses associations réglées par le Code de commerce.

Comme la *société collective*, elles présentent une *raison sociale*, des associés indéfiniment responsables, elles sont comme la société *anonyme*, un moyen efficace de favoriser les grandes entreprises, d'appeler en France des fonds étrangers, d'associer la médiocrité même et presque la pauvreté, aux avantages des grandes spéculations, d'ajouter au crédit public et à la masse des valeurs qui circulent dans le commerce (1). Les actions offrent à toutes les classes de citoyens des intérêts proportionnés à toutes les fortunes ; par leur moyen, chacun peut s'intéresser aux bénéfices du commerce et s'identifier pour ainsi dire à sa prospérité. Ces

1) Regnaud de Saint-Jean-d'Angély.

sociétés enfin jouissent de cette liberté d'allures et de combinaisons, dont le commerce est particulièrement jaloux.

La société en commandite par actions est, à proprement parler, un contrat nouveau, plutôt pressenti que régularisé par la loi actuelle, plutôt toléré que défini.

En effet, le code de commerce reconnaît trois espèces de sociétés : la société en nom *collectif* consiste en une réunion de personnes, toutes également et indéfiniment responsables des suites des opérations sociales ; la société en *commandite* se contracte entre un ou plusieurs associés *solidaires*, dont les noms figurent seuls dans la *raison sociale*, et de simples bailleurs de fonds, qui ne s'engagent que jusqu'à concurrence de leurs mises ; enfin, dans la société *anonyme*, tout individualité disparaît, pour faire place à une simple association de capitaux ; les tiers trouvent leur garantie dans l'autorisation du gouvernement, qui révise et approuve les statuts de ce genre d'entreprises.

La société en *commandite* tire son origine du contrat de *commande*, fort usité dans toutes les villes de la Méditerranée, pendant les premiers siècles qui virent se développer les relations commerciales. Ce contrat primitif consistait à confier à un marin, ou à un marchand faisant des voyages maritimes, un fonds en argent ou marchandises, pour le convertir, par vente ou troc, en d'autres marchandises ou en argent, et pour opérer de même sur le produit, par plusieurs négociations successives, dans chacune des Echelles que le navire devait parcourir, moyennant ou une commission ou une part d'intérêt (1).

En tout temps il fut reconnu que le donneur ne pouvait jamais être engagé, ni perdre au-delà du fonds dont il avait commis l'administration au *commandité*, lors même qu'il y avait partage de profits et communauté d'intérêts (2).

Ce caractère du contrat de *commande* ne tarda pas à s'introduire du commerce maritime dans la constitution

(1) Frémery, *Etudes de droit commercial*, tom. I, p. 36.
(2) *Ibid.*, p. 37 et 38.

même des maisons de commerce. Tout commerçant put annoncer qu'il avait des associés, dont la perte fut limitée au capital mis dans la société, à condition qu'ils ne se présentassent point eux-mêmes, comme personnellement obligés, soit en faisant acte d'administration, soit en laissant mettre leur nom dans la raison sociale (1).

Cet usage se répandit rapidement de l'Italie dans tout le monde commerçant, l'Angleterre exceptée.

Il s'acclimata surtout en France et y prit bientôt une grande extension.

Il favorisait singulièrement les préjugés de ceux qui n'osaient pas s'engager ouvertement dans le commerce. Savary indique comme le principal avantage de la commandite, d'exciter « les gentilshommes et autres personnes de qualité à faire de telles sociétés, parce qu'ils ne font point le commerce et ne font autre chose que donner leur argent ».

Elle se formait d'ordinaire entre un petit nombre d'associés, qui se connaissaient réciproquement ; ils se trouvaient obligés de rester en communauté, tant que la société n'avait pas pris fin, ou que les co-associés n'avaient pas consenti à l'introduction d'un étranger. —

L'article 38 du code de commerce a notablement modifié cet état des choses. En autorisant la division du capital social en actions cessibles à volonté, il a créé des commanditaires qui peuvent se retirer de la société quand ils le veulent, et se substituer une tierce-personne sans le consentement de leurs co-associés. Dès ce moment le cercle de la société en *commandite* s'élargit, pour ainsi dire, à l'infini. Chacun put y prendre part, souvent pour un intérêt bien faible, et la facilité de réalisation donna un attrait de plus à ce mode de placement. Les capitaux civils se trouvèrent ainsi entraînés d'une manière prompte et facile dans le mouvement industriel et commercial, et l'adjonction des

(1) *Socius seu particeps tenetur, cum sub ejus nomine, expressi vel tacito, sit contractum.* Rote de Gênes, déc. 39 n° 9.

bailleurs de fonds aux associés solidaires, perdant tout ves-
tige de lien de personnes, revêtit le caractère d'une simple
association de capitaux, analogue à celle qui se pratique
dans les sociétés anonymes. De cette manière la société en
commandite est devenue en réalité une société *anonyme*, administrée par un ou plusieurs *gérans solidaires*, munie par
conséquent d'une *raison sociale*, et où la responsabilité
indéfinie des personnes placées à la tête de l'entreprise,
remplace l'autorisation du gouvernement.

Le droit commercial est le droit coutumier par excellence,
et ce fut par un développement spontané que le système
de commande s'étendit peu à peu d'une espèce particulière de commerce au commerce en général, et engloba,
par une progression continue, des bailleurs de fonds dont le
nombre, augmentant sans cesse, a presque abouti à l'infini.

Un nouveau mode de société commerciale a été produit;
il faut l'organiser. On en pressentait les avantages; mais
on ignorait la marche qu'il pouvait suivre, quand le code
de commerce fut promulgué; aujourd'hui il importe de
la régler. Cette association a son caractère propre; et
le développement continu et rapide de ce principe déborde
de toutes parts les règles étroites qui régissent les sociétés
en *commandite* ordinaires; il y a péril à les appliquer.

Quand les bailleurs de fonds concouraient à la formation
même de la société, quand la part considérable et permanente
qu'ils devaient y prendre, les stimulait à débattre soigneusement les clauses du pacte social et à garantir leurs intérêts, on conçoit que la loi dut s'occuper plus particulièrement de mettre les tiers créanciers à l'abri des fraudes,
des collusions, des faillites honteusement calculées.

Toutes les stipulations avaient lieu entre un petit nombre
de personnes éclairées sur leurs droits et maîtresses de les
assurer; la *commandite* en un mot faisait appel à des capitaux *intelligens*, le concert des co-intéressés était facile,
et la connaissance parfaite qu'ils avaient de l'homme à qui

ils confiaient leur avoir, complétait et remplaçait au besoin la surveillance.

Mais lorsqu'on se trouve en présence d'un acte social dont les termes n'ont pas été débattus entre les co-intéressés, acte imposé par l'associé solidaire à ceux qui désirent participer à l'entreprise en qualité d'actionnaires, quand celui-ci a pu fixer à sa volonté les avantages qu'il stipule en sa faveur et estimer à sa guise la valeur de son apport ; quand il s'adresse enfin à des petits capitaux imprévoyans de leur nature et qu'il est facile de convier aux chances périlleuses d'une nouvelle espèce de loterie, le *laissez-faire* et le *laissez-passer* ne seraient pas de mise, et cette situation toute nouvelle réclame vivement des réglemens nouveaux.

Tous ceux qui ont eu occasion d'observer de près l'agencement des sociétés par actions, sont sans doute convaincus que la face de la question a complétement changé. Ce ne sont pas les tiers qu'il importe surtout de protéger ; ils peuvent, par eux-mêmes, veiller à leurs intérêts et éviter des chances périlleuses qui, d'ailleurs, se présentent rarement ; ce n'est pas au détriment des créanciers que des abus odieux se sont introduits dans les sociétés par actions. Ils ont atteint principalement le *public actionnaire* trompé par des apports fictifs et des promesses frauduleuses, excité par l'appât de bénéfices imaginaires, désarmé de tout droit d'intervention dans la gestion, mis en état d'interdiction absolue, exposé à toutes les chances de perte, tandis que, par une manœuvre adroite, le véritable fauteur d'une mauvaise entreprise y échappe journellement et s'enrichit de la ruine même de ses co-associés.

Le mal est réel, l'opinion publique s'en est émue, et M. le Garde-des-sceaux vient de présenter à la Chambre des députés un projet de loi *sur les sociétés par actions*, projet attendu avec une si légitime impatience. Mais, appelé à organiser les *sociétés en commandite par actions*, le gouvernement méconnait cette belle et grande mission; il supprime les sociétés par actions libres et ne veut plus tolérer à l'avenir, que les sociétés anonymes autorisées par le conseil-d'état (1).

Abolir l'article 38 du Code de Commerce! mais a-t-on songé à l'immense perturbation qu'on risquait de produire dans les intérêts industriels? Oui, c'est chose facile en apparence, un trait de plume suffit, mais effacera-t-on de même la trace qu'auront laissée les intérêts vivaces, sous l'influence desquels le germe contenu dans l'article 38 s'est si promptement, si largement développé? Le but même de la mesure sera dépassé, et les dangers qu'on aura voulu prévenir se reproduiront sous une forme différente. Du moment où l'on aura compris le danger de frapper d'inaliénabilité une matière qui résiste à l'application de ce principe autant que la fortune mobilière, du moment que la cession même des parts commanditaires ne sera pas proscrite (et les actions ne sont autre chose que des parts commanditaires, exprimées en nombres ronds), le génie inventif des spéculateurs, stimulé par les exigences économiques, saura briser les barrières dont on aura voulu l'entourer.

Et d'ailleurs le mal n'est pas là; au lieu de s'attaquer à

(1) Voyez plus bas le texte du projet et l'exposé des motifs. Une commission, formée d'hommes éminens dans l'administration, dans la magistrature, dans le barreau, dans le commerce, avait été réunie pour discuter les bases de ce projet. Cette commission était composée de MM. *Parant*, sous-secrétaire-d'état au ministère de la justice (député); comte d'*Argout* (pair de France), gouverneur de la Banque; *Maillard*, *Vincens*, et *Vivien* (député), conseillers-d'état; *Lasagni*, conseiller et *Laplagne-Barris*, avocat-général à la cour de cassation; *Aubé*, ancien président du tribunal de commerce; *Horson* et *Teste* (député), avocats à la cour royale; *Rielle*, directeur du mouvement des fonds au ministère des finances; *Vandermarcq*, syndic des agens-de-change; M. *Sacase*, avocat à la cour royale, a rempli les fonctions de secrétaire. MM. *Barthe*, garde-des-sceaux; *Lacave-Laplagne*, ministre des finances, et *Martin*, ministre du commerce et des travaux publics, ont participé aux travaux de la commission

la surface, il faut sonder le fond même de la difficulté, et apporter non d'impuissans palliatifs, mais un remède radical.

On commettrait une grave erreur en croyant que le mal produit par les sociétés en commandite tient à la forme qu'elles ont revêtue. Nous l'avons dit, les besoins les plus impérieux ont opéré dans leur sein cette transmutation qui, de la réunion d'un petit nombre d'intérêts isolés, a fait le centre où concourent toutes les forces productives. Les prévisions de la législation impériale ont été dépassées et une situation nouvelle exige des réglemens nouveaux. C'est parce que la loi est restée immobile, tandis que les faits ont marché, que la bonne foi publique a été exposée à de rudes atteintes. La forme facile, expéditive, des titres transmissibles par la simple remise ou par endossement, a sans doute contribué à étendre le mal, comme elle contribuerait à produire le bien, s'il existait; c'est un moyen de propagation, rien de plus, rien de moins, et sans doute s'il ne s'agissait que de savoir si l'on doit mettre obstacle à ce que des associations vicieuses dans leur principe, ne rencontrent de nouvelles victimes, on ferait bien de proscrire le système des actions, de frapper d'inaliénabilité les parts commanditaires. On couperait ainsi le mal à sa racine, on agirait par une sorte d'intimidation financière.

Mais s'il est permis d'espérer d'extirper le mal lui-même; si une législation prévoyante, sage, pourvue de garanties même méticuleuses, ramène dans la bonne voie les intérêts compromis par l'état des choses actuel, où les actionnaires sont entièrement à la merci des gérans, on ne devra pas hésiter à maintenir un mode d'organisation extérieure aussi commode, aussi simple, aussi populaire. Car la popularité dont il jouit doit beaucoup peser dans la balance. Nous ne sommes qu'au début d'une ère industrielle, tout est encore dans l'enfance; et l'esprit d'association, pour parvenir à sa maturité, a besoin de soins attentifs et presque délicats.

§ Ier. *Examen du projet présenté par le gouvernement.*

Nous devons distinguer dans le texte du projet deux parties : l'une a trait aux améliorations à introduire dans le régime des sociétés *anonymes*, améliorations qui s'appliqueraient parfaitement au régime de la société en commandite par actions, et que ce travail, terminé presque entièrement au moment de la présentation du projet de loi, devait aussi réclamer ;

Dans l'autre on se borne à supprimer purement et simplement les sociétés en commandite par actions.

Il importe en premier lieu de s'occuper de cette innovation radicale ; l'examen des dispositions réglementaires viendra avec le développement de quelques idées sur l'organisation de l'*association libre.*

La nature intime de la société en commandite explique aisément la faveur dont cette forme d'association a toujours joui. Ce contrat mixte, s'il admet une simple agrégation de capitaux, s'il constitue une sorte d'emprunt à la grosse, qui borne les risques des commanditaires à la mise fournie, ce contrat, disons-nous, consacre aussi une responsabilité morale et matérielle, concentrée sur la personne des associés en nom collectif, seuls maîtres apparens, seuls représentans de la société vis-à-vis des tiers. La confiance que provoquent les *gérans* s'accroît en raison des ressources dont ils disposent ; mais elle se fonde d'abord sur leur position personnelle. Les capitaux civils sont conviés à participer aux chances du commerce, mais à condition qu'il y ait quelqu'un qui consente à lier son honneur, sa fortune, son avenir au succès de l'entreprise.

La société *anonyme* implique une dérogation complète aux principes généraux qui régissent les intérêts privés : ici l'abstraction atteint ses dernières limites ; toute individualité s'efface ; le *fonds social* s'engage seul, et quand il est épuisé, tout s'évanouit sans retour. L'affaire de tout le monde, n'est l'affaire de personne.

Aussi, cette espèce d'association doit-elle conserver un caractère exceptionnel; elle ne saurait aspirer à la *popularité* dont jouit l'association *commanditaire*. La sphère d'action de chacune d'elles est distincte : par la force même des choses, l'une recrute ses adhérens dans les régions élevées de la banque et de la finance, et s'applique aux grandes entreprises qui mettent en jeu l'intérêt public; l'autre sert d'instrument à l'intérêt privé.

Le gouvernement ne saurait intervenir sans cesse dans les transactions des particuliers, et cet attirail administratif a quelque chose de répulsif pour le commerce. Rien d'aussi contraire à ses habitudes et à ses penchans que de soumettre ses opérations au contrôle de l'autorité. D'ailleurs les lenteurs de l'autorisation suffiraient seules pour faire avorter nombre d'entreprises fructueuses et qui ont besoin de s'organiser instantanément.

La société en commandite, telle qu'elle existe, aujourd'hui est d'un secours puissant pour contrebalancer cet inconvénient des sociétés anonymes et pour fournir appui à une foule d'opérations dont la variété répugne à passer sous un niveau inflexible et commun. Que deviendront-elles si on supprime un mode d'association dont, à tout prendre, les avantages ont toujours surpassé les défauts, et qui, d'ailleurs, a déjà en grande partie rencontré un correctif pour les abus, dans les abus eux-mêmes. L'éducation des capitalistes, chèrement achetée il est vrai, s'est faite à leurs risques et périls, et les manœuvres les plus habiles et les plus heureuses naguères, sont frappées de discrédit. La bonne industrie, follement compromise par des entreprises audacieuses, demande des garanties contre ces périlleux écarts; mais elle réclamerait hautement contre la confiscation d'un droit dont elle a su apprécier toute la valeur.

Nous l'avons dit ailleurs, quand une difficulté surgit trop menaçante, l'esprit humain, au lieu de la dompter, glisse sur la pente unie du sophisme et s'imagine avoir résolu le problème, n'ayant fait que l'éluder. L'exercice d'un droit soulève de graves embarras ou supprime le droit; au lieu de réprimer les écarts, on étouffe le développement naturel d'un principe nouveau.

Il n'en sera pas ainsi, nous l'espérons fermement, pour l'association en commandite, telle que l'esprit progressif du siècle l'a développée; loin d'être arrêtée par une impossibilité radicale d'organisation, elle pliera facilement sous l'empire des règles tutélaires, propres à ramener la confiance ébranlée un instant par le spectacle d'opérations follement hasardeuses ou sans probité.

Cette question si grave de l'autorisation du gouvernement ne surgit pas aujourd'hui pour la première fois. Elle fut agitée lors de la publication du projet du code de commerce; voilà comment s'expriment à cet égard, les rédacteurs de l'*Analyse raisonnée* des observations des Cours et Tribunaux :

« Nous n'avons pas eu l'intention d'assujétir les sociétés en commandite (*quelles que soient la forme et la nature de l'intérêt des commanditaires*) à une autorisation du gouvernement; c'eût été, comme on nous l'a justement observé, établir une sorte de privilége dont on pourrait abuser, et entremettre l'autorité publique dans les opérations mercantiles, sans aucun motif. »

Nous avons pensé, ajoutent-ils, que lorsqu'une société prend une solidarité personnelle, elle doit être libre dans ses combinaisons comme dans ses effets. La garantie est dans les gérans, lorsqu'ils sont solidaires.

Le tribunal d'appel de Paris a été fort explicite dans ses réflexions. Voici ses paroles :

Il peut arriver cependant que celle (la société) dans laquelle il se trouve des actionnaires, ait une raison sociale, et alors elle rentre dans la classe des sociétés en commandite. Les associés compris sous le nom social sont associés principaux; les autres, simples porteurs d'actions, ne sont que commanditaires, c'est ce qu'il convient d'exprimer.

Ce que l'art, 20 présente de plus remarquable, c'est qu'il y est dit qu'une société *par actions* ne peut avoir lieu sans l'autorisation du gouvernement. On est surpris de cette disposition qui fait intervenir le gouvernement dans les sociétés commerciales; il semble qu'en général son rôle à l'égard du commerce, c'est de le protéger sans se mêler de ses affaires. Quand l'objet d'une société commerciale aura un point de contact avec l'ordre public et intéressera de fait le gouvernement, il faut supposer que les associés auront assez de sens pour demander son avis, la prudence même les y invite; mais on ne croit pas qu'il soit à propos de leur en faire un devoir : c'est établir une règle qui promet peu d'utilité, et qui peut être sujette à de graves inconvéniens.

Le tribunal et le conseil de commerce de Strasbourg, pensaient aussi que, dans des cas des sociétés par *actions* non anonymes, l'intervention du gouvernement serait une violation de la liberté du commerce.

Le tribunal et le conseil de commerce de Genève, tout en reconnaissant l'autorisation comme nécessaire dans les cas où il s'agit d'entreprises vastes, d'intérêt général et auxquelles des individus étrangers les uns aux autres sont invités à prendre part, ajoute qu'il s'en présente souvent dans lesquelles il convient de s'associer par actions, où d'intérêt est circonscrit dans un cercle restreint d'affaires et d'individus, et qui par conséquent n'appartiennent plus à l'intérêt public. Pour concilier celui-ci avec l'intérêt particulier, il propose que l'intervention du gouvernement soit limitée par le nombre d'actionnaires et par la valeur du fonds social. Ainsi, elle ne devrait pas être nécessaire dans toute société qui aurait moins de deux cents actionnaires et dont le capital n'excéderait pas un million.

Le tribunal du commerce du Havre demande que le gouvernement n'intervienne que dans les grandes entreprises qui pourraient avoir quelque connexité avec l'intérêt public.

Le tribunal et conseil de commerce de Lyon, restreint expressément aux sociétés *anonymes*, l'obligation de se faire autoriser par le gouvernement, *toutes autres sociétés par actions*, dit-il, *régies sous le nom d'un ou plusieurs* associés, rentrent dans la classe des sociétés en commandite.

Le tribunal de Bruxelles se prononce dans un sens analogue. — Dans les pays de commerce, dit-il, il se monte journellement des sociétés par actions, par des spéculations particulières, indépendantes de la surveillance du gouvernement; les soumettre à la nécessité d'obtenir l'autorisation, ce serait gêner la liberté du commerce. » Cet avis est partagé par les tribunaux de Dijon et de Caen; celui-ci ajoute « les règles à établir pour ces grandes sociétés par actions, qu'on peut regarder en quelque sorte comme nationales, ne peuvent s'étendre aux établissemens particuliers de commerce et de manufacture, dont la liberté est le premier élément, et dont rien ne doit retarder la marche. » Le tribunal de Metz dispense de l'autorisation les sociétés par actions, établies sous des noms collectifs. En un mot, tous les tribunaux d'appel, devant lesquels la question a été soulevée, ont été unanimes pour repousser cette omnipotence dangereuse que l'on prétendait attribuer au gouvernement sur les *sociétés par actions*, quelle que fût leur nature, et c'est à bon escient que la distinction établie par le code de commerce a été consacrée.

Ces citations prouvent suffisamment combien fut vive la répulsion que rencontra l'idée de soumettre les transactions particulières au contrôle du gouvernement.

Ce contrôle préventif nécessite des lenteurs préjudiciables; il peut inspirer au *public actionnaire* une fausse sécurité sur les prétendues chances de réussite que présente l'affaire, et surtout ouvrir une large porte aux abus, en donnant au gouvernement un moyen si puissant d'influence et de séduction.

Nos paroles ne s'appliquent point à tels ou tels hommes qui possèdent momentanément le pouvoir. Les ministres changent, les institutions restent, et la prudence la plus vulgaire commande de ne pas fournir à ceux qui voudraient

abuser de leur autorité, la faculté illimitée de permettre ou
de défendre , de tolérer ou de proscrire toutes les entreprises industrielles , basées sur le principe de l'association.

Il est encore un danger fort grave ; le conseil-d'état ne
saurait examiner que la loyauté de l'entreprise, que la réalité des bases projetées ; il ne garantit point sa réussite, et
la liste des sociétés anonymes déjà tombées , ou qui touchent à leur ruine, serait longue à dresser. Et cependant
cette autorisation , banale en quelque sorte, on ne manque pas de l'exploiter, elle devient une amorce nouvelle
entre les mains d'habiles spéculateurs, et quand d'affaire a
périclité, les malheureux actionnaires, auxquels il est bien
difficile de faire comprendre que le gouvernement n'est
pour rien dans un pareil désastre, en rejettent sur lui la
responsabilité morale.

La solidarité, la responsabilité indéfinie des gérans sont
à nos yeux une garantie bien autrement efficace qu'un
examen souvent superficiel, incomplet et inopportun de
l'affaire. Cette garantie est illusoire aujourd'hui, d'accord ;
mais n'oublions pas qu'il s'agit d'une question d'avenir ;
rien ne nous rive irrévocablement aux dispositions existan-
tes , puisque c'est d'une loi nouvelle qu'on s'occupe, et
nous nous trompons fort si des moyens qui nous semblent
admissibles ne changent pas cette fiction trompeuse en une
solide réalité.

Et cependant, c'est exclusivement à la société *anonyme*
que le gouvernement veut confier le soin de notre avenir
industriel. Effrayé des abus qui ont trop souvent présidé à
la formation des *commandites par actions*, il désespère
d'y porter remède, et supprime une faculté précieuse, faute
de savoir en régler l'exercice.

La société en *commandite pure*, telle qu'elle se pratiquait à une époque où les besoins économiques ne se mani-
festaient point avec la même énergie, où le concours de
quelques hommes suffisait aux entreprises industrielles,

n'offrirait aujourd'hui qu'un moyen d'action peu efficace. Les détenteurs des capitaux civils, faibles, disséminés, exigent pour s'associer au commerce, qu'on leur donne, en échange de leur apport, des titres représentatifs d'une part d'intérêt, cessibles à volonté, et doués de la facilité de réalisation que possèdent les rentes sur l'État. Les *actions* offrent seules le moyen simple et commode de subdiviser le fonds social de manière à en mettre les fractions à la portée des plus humbles fortunes; transmissibles à volonté, elles circulent sans entraves, aussi jouissent-elles d'une grande puissance d'attraction. Les proscrire, c'est frapper d'atonie le contrat commanditaire.

Les vices que l'on combat et dont on désire prévenir le retour, se manifestent surtout au moment de la formation des sociétés en *commandite par actions*. Des spéculateurs avides, véritables vampires de l'industrie, ne *montent* une affaire que dans le but de prélever un bénéfice scandaleux, en aspirant la meilleure partie de ses ressources au moyen d'*apports* ridiculement exagérés, de *primes*, d'*actions industrielles*. L'*autorisation préalable* a paru au gouvernement le seul moyen propre à garantir la réalité et la loyauté des entreprises industrielles, et, pour ne point s'arrêter à une différence *nominale*, il interdit toute association par actions autre que la société *anonyme, autorisée par le pouvoir*.

Les argumens qu'on a fait valoir contre l'immixtion perpétuelle du gouvernement dans les intérêts commerciaux, ne semblent cependant pas avoir perdu de leur force, et le long exposé des motifs lu par M. Barthe ne contient aucune réponse satisfaisante à d'aussi graves objections.

« L'autorisation, dit-il d'abord, n'est pas chose nouvelle, on s'y soumet depuis trente ans pour les sociétés anonymes, l'expérience nous vient donc en aide. »

Nous ne demandons pas mieux, nous aussi, que d'en appeler à l'expérience; elle nous démontre qu'en général l'application de la société anonyme aux entreprises industrielles n'a pas été heureuse. La liste des sinistres serait longue à tracer et l'examen préalable du Conseil d'état n'a pas même empêché l'exagération de la valeur de l'apport, point principal sur lequel insistent surtout les adversaires de la commandite.

L'honorable M. Vincens, aux paroles duquel une longue expérience et la part active qu'il a prise à la révision des statuts des sociétés anonymes, donnent un si grand poids, signale toutes les difficultés, tous les périls que rencontre cette appréciation. « On pourrait citer, dit-il, des exemples malheureusement notables de mécomptes énormes ; une société n'a pu se former parce que l'estimation d'un apport n'a pas décidé s'il valait 300,000 fr. ou 1,200,000. Mais d'autres sociétés se sont réalisées, et au premier revers les objets évalués sur les expertises les plus régulières se sont trouvés sans valeur (1). »

D'un autre côté, le commerce n'a eu que fort rarement recours à ce mode d'association. La moyenne annuelle des autorisations délivrées par le Conseil d'état, n'a été que de cinq de 1808 à 1822 ; elle n'a jamais excédé dix. Si l'on compare ce chiffre si modique, si restreint, à l'immense développement qu'ont reçu, de l'aveu de M. le garde des sceaux, les commandites par actions, on demeurera convaincu que la plus grande liberté possible est nécessaire, indispensable aux progrès du commerce et de l'industrie.

Le nombre si considérable et sans cesse croissant des *associations libres*, la quantité de capitaux qui s'y trouvent engagés, prouvent toute l'énergie du principe nouveau enté sur les vagues dispositions de l'art. 38 du Code de commerce. M. le garde des sceaux en tire cependant une

(1) Des sociétés par actions, p. 47. L'évaluation de l'*apport* matériel présente quelquefois une impossibilité radicale ; comment estimer les richesses enfouies dans une mine dont l'existence seule est constatée, sans qu'on se soit livré aux travaux longs, dispendieux, qu'entraîne l'exploitation ?

bien singulière conséquence; plus la *commandite* a pris d'extension, plus elle a rallié d'intérêts et plus on doit être porté à la garotter, à la détruire. La société *anonyme* n'a pas pu s'acclimater en France, et n'a produit que des résultats minimes ; on doit la conserver seule, l'admettre sans partage. La *société libre*, produit spontané des besoins économiques de l'époque, a étendu partout ses larges ramifications ; grâce à son appui, des industries nombreuses ont vu le jour et prospèrent ; des abus inséparables d'un premier essai diminuent chaque jour, et tout en ménageant le principe, une législation prévoyante pourrait y porter remède ; n'importe, il faut proscrire la *société libre*, au risque de tarir la source la plus féconde de la prospérité publique !

On doit bien se garder, à l'occasion de circonstances accidentelles, passagères, de gêner par des réglemens étreits, par un contrôle ombrageux et arbitraire, le développement naturel d'une institution qui s'est créée, organisée d'elle-même, et dont les rapides conquêtes démontrent toute la sève, toute la puissance. La *censure* est aussi pernicieuse dans le monde matériel que dans le monde moral ; elle mérite, dans l'un et dans l'autre cas, une égale réprobation.

Si au moins l'application d'un principe aussi vicieux pouvait faire atteindre le résultat qu'on prétend obtenir !

Le gouvernement veut empêcher que l'émission des actions commerciales ne soit le but, et le commerce luimême ; il faut frapper, dit-il, le commerce et l'industrie des actions, au profit du commerce véritable.

On croit ainsi mettre un terme à l'agiotage ; mais les racines de celui-ci sont bien autrement profondes, et ce n'est pas sur les actions industrielles qu'il étend la plus pernicieuse influence. Le jeu qui s'exerce snr les fonds publics est le plus funeste de tous, il ne laisse aucune compensation aux désastres qu'il occasione, ni création, ni découverte, ni rien qui puisse être profitable au pays dans le présent ou dans l'avenir. Les opérations sur les actions donnent au contraire lieu à des recherches, à des inventions, à des établissemens qui dans une foule de cas sont une véritable conquête pour l'industrie (1).

Nous ne voyons pas d'ailleurs en quoi l'autorisation du gouvernement, ou la forme *anonyme* imposée aux sociétés commerciales, pourraient servir à diminuer les chances des agioteurs ou à changer la nature des négociations, à produire un placement réel au lieu d'un placement fictif, ou cette fixité dans les opérations qui en fait patiemment attendre le résultat, et met un terme à la rotation improductive des capitaux. Les actions des sociétés *anonymes* ne sont pas plus exemptes que les autres de cet inconvénient ; il tient à la nature, à l'essence même de ces entreprises ; la suppression que réclame le ministère n'amènera pas l'immobilisation des capitaux.

Ce qu'il faut pour assurer une certaine suite, une certaine stabilité dans les opérations, c'est de les entourer de garanties telles, que les particuliers s'attachent à une entreprise, s'identifient à ses progrès, à sa prospérité et ne cherchent point à déserter chaque jour, en réalisant un bénéfice tel quel, le placement qu'ils ont fait la veille. Mais cette garantie, il faut la chercher autre part que dans une vaine formule d'autorisation.

Une certaine confusion semble régner à cet égard dans l'esprit des rédacteurs du projet ; ils s'exagérèrent évidemment la portée de leur œuvre. Une fois mises en circulation, les actions des sociétés anonymes, prêtent au jeu, à l'agiotage, tout autant que les actions des sociétés en commandite ; le Conseil d'état ne peut qu'empêcher les abus contemporains à l'émission de ces titres, à la formation de

______

(1) M. Pillet-Will, *Lettre à M. Vincens.*

la société ; une fois cette phase accomplie, l'influence du
principe de *l'autorisation* s'efface et disparaît.

Les fondateurs des sociétés, ajoute M. Barthe, battent
monnaie au moyen des actions ; ils apportent des immeubles dépréciés ou des procédés d'une impuissance démontrée et réalisent de forts bénéfices par la négociation des
titres qu'ils se sont attribués en échange. Ce désordre
existe ; mais l'autorisation n'y apportera qu'un impuissant
palliatif, tandis que la prohibition faite aux gérans de diviser
leur apport en actions, ou bien de céder celles-ci avant
que la société n'ait obtenu des bénéfices régulièrement
constatés, couperait le mal dans sa racine, sans porter atteinte à la liberté d'association.

Le contrôle du gouvernement que devrait-il constater ?
Le réglement du 31 décembre 1807 sur les sociétés anonymes l'indique et nous le reproduisons textuellement :

Art. 4er. Les individus qui voudront former une société anonyme seront tenus de se conformer au Code de commerce ; et pour obtenir l'autorisation du gouvernement, ils adresseront au préfet de leur département,
et à Paris au conseiller d'État préfet de police, une pétition signée de
ceux qui veulent former la société. 2. La pétition contiendra la désigna-
tion de l'affaire ou des affaires que la société veut entreprendre, le temps
de sa durée, le domicile des pétitionnaires, le montant du capital que la
société devra posséder, la manière dont ils entendent former ce capital,
soit par souscriptions simples ou par actions, les délais dans lesquels ce
capital devra être réalisé, le domicile choisi où sera placé l'administration, le mode d'administration, et l'acte ou les actes passés entre les
intéressés. 3. Si les souscripteurs de la pétition ne complètent pas
eux seuls la société qui doit être formée, s'ils déclarent avoir l'intention de la compléter lorsque seulement ils auront reçu l'approbation
du gouvernement, ils devront, dans ce cas, composer au moins le quart
en somme du capital, et s'obliger de payer leur contingent aussitôt
après l'autorisation donnée. 4. Les préfets des départemens et le préfet
de police à Paris feront, sur la pétition à eux adressée, toutes les in-
formations nécessaires pour vérifier les qualités et la moralité, soit des
auteurs du projet, soit des pétitionnaires ; ils donneront leur avis sur
l'utilité de l'affaire, sur la probabilité du succès qu'elle pourra obtenir ;
ils déclareront si l'entreprise ne paraît point contraire aux mœurs, à la bonne
foi du commerce et au bon ordre des affaires en général ; ils feront des

recherches sur les facultés des pétitionnaires de manière à s'assurer qu'ils sont en état de réaliser la mise pour laquelle ils entendent s'intéresser. Les pièces et l'avis du préfet seront adressées au ministre. 5. Le ministre, après avoir examiné la proposition, la soumettra à S. M. en son conseil-d'état, qui statuera sur son admission ou son rejet. 6. Il ne pourra être rien changé aux bases et au but de la société anonyme, après l'approbation reçue, sans avoir obtenu, dans les formes prescrites par la présente instruction, une nouvelle autorisation du gouvernement, et ce à peine d'interdiction de la société.

Aux termes de cette espèce de charte des sociétés anonymes, on doit arriver à ce que ces sociétés ne soient pas un piége tendu à la crédulité, que l'objet en soit licite et réel, qu'un fonds d'engagement assure l'existence de l'entreprise, enfin que les statuts offrent des garanties de moralité, des moyens de surveillance, et assurent l'exercice des droits qui appartiennent aux actionnaires sur l'emploi de leurs deniers. Serait-ce chose impossible que d'atteindre le même but par une voie différente ? Ne peut-on pas insérer dans la loi des prescriptions telles, que les actionnaires rencontrent virtuellement dans le pacte social les garanties qu'ils ont le droit d'exiger, et cette sollicitude ne pourrait-elle pas s'étendre bien au-delà des prévisions de la circulaire ministérielle et détruire des abus autrement graves que ceux qu'elle est destinée à combattre ?

Les garanties réelles, efficaces, que l'on trouve dans la société *anonyme*, peuvent être obtenues dans la société en commandite, qui présentera toujours l'immense avantage d'une responsabilité personnelle et indéfinie. La nullité du contrat, l'obligation de restituer les sommes perçues imposée aux gérans d'une entreprise qui contreviendrait aux dispositions de la loi, et, au besoin, l'application sévère de l'art. 405 du code pénal, serviraient de sanction.

Le conseil-d'état doit s'assurer si l'objet de la spéculation est licite et réel ; mais s'il n'est pas tel, le gérant n'encourt-il point les peines portées contre l'abus de confiance, contre l'escroquerie ?

Il est impossible de préciser si les souscripteurs primitifs veulent ou non rester dans l'entreprise, s'ils sont ou non actionnaires sérieux. D'un autre côté, comment arbitrer exactement les capitaux nécessaires à une exploitation qui peut s'étendre ou se borner à de certaines limites, qui a besoin de plus ou moins de fonds, selon la plus ou moins grande habileté des directeurs. Intéressez-les forcément au succès de l'affaire, que leur bénéfice soit nul, si celle-ci ne prospère pas, et vous pourrez vous confier avec pleine sécurité à l'intérêt individuel, qui sera toujours le meilleur appréciateur des ressources indispensables pour la réussite d'une opération industrielle.

La commandite demande des gérans sérieux, des associés responsables, qui pour entreprendre une affaire réelle attirent vers eux, des capitaux stériles, improductifs; cette force d'attraction qu'exerce la société *libre* sur les plus faibles sommes, jointe à la garantie qu'implique la solidarité des chefs de l'entreprise, forme son caractère distinctif et constitue son principal avantage. Une législation bien combinée empêchera facilement la *gérance* ne continue à n'être qu'une périlleuse fiction; on peut aussi assurer aux actionnaires les moyens de surveillance nécessaires et leur attribuer l'exercice des droits qui leur appartiennent sur la gestion de leurs deniers. La défense que leur oppose l'art. 27 du Code de commerce, de *s'immiscer* dans la gestion, doit être restreinte dans de justes limites, et ne s'appliquer qu'aux relations de la société avec les tiers et nullement à l'administration intérieure, aux relations entre le commandité et les commanditaires; nous espérons le démontrer. Ainsi tomberont d'elles-mêmes les deux objections principales soulevées par M. Barthe, contre la libre association des capitaux.

M. le garde-des-sceaux examine successivement divers moyens proposés jusqu'ici pour organiser la société en commandite par actions. Il les trouve gênans, vexatoires;

la liberté concédée avec de pareilles restrictions, ne lui paraîtrait plus qu'une ombre, qu'un vain mot; au lieu d'imposer des conditions qu'il est impossible de remplir, il vaut mieux, pense-t-il, user de franchise et dire nettement qu'on ne veut plus de cette espèce de contrat.

Les diverses propositions mises en avant nous paraissent aussi trop rigoureuses, trop absolues; nous ne pensons pas néanmoins que les spéculateurs de bonne foi désertassent les associations par actions, si ces propositions venaient à recevoir force de loi. Quelle qu'en soit la sévérité, le commerce aimerait encore mieux se plier aux exigences d'une règle immuable, uniforme, connue de tous et égale pour tous, que de passer sous les Fourches-Caudines du conseil d'état. Si ces précautions sont de nature à satisfaire de légitimes exigences, on ne court aucun risque d'autoriser un essai qui, en avortant, rejeterait forcément les spéculateurs vers la société *anonyme*. Mais nous sommes loin de croire à un pareil résultat, et tous ceux qui savent combien l'industrie est jalouse de son indépendance, comprendront à merveille qu'elle préfère la liberté, même chèrement achetée, au contrôle gênant et tracassier du pouvoir.

L'exposé des motifs regarde comme chose toute simple la suppression de la commandite par actions, ce n'est, à l'entendre, qu'un retour à l'ancien droit. Mais la loi, avons-nous dit, n'est jamais appelée à régulariser que les faits tels qu'ils se pratiquent; elle les suit, elle ne les devance pas. Ce qui a suffi naguère est insuffisant aujourd'hui; de nouvelles exigences sociales ont évoqué des combinaisons plus variées, plus rapides, plus larges : et vouloir comprimer cet essor progressif, vouloir donner le passé pour règle à l'avenir, c'est de l'imprudence, c'est de la folie. Les anciens erremens ont forcément disparu, car l'industrie a marché, elle se meut aujourd'hui dans une tout autre sphère; essayer de l'asservir à des règles étroites, surannées, c'est la priver d'air, c'est l'étouffer.

Que dirait-on, si, sous prétexte que le travail manuel suffisait jadis à des populations ignorantes, pauvres et disséminées, on prétendait briser nos machines, détruire nos chaudières à vapeur, ou bien si l'on proscrivait les chemins de fer, parce qu'ils n'existaient pas naguère et qu'il est impossible de préciser les immenses conséquences qu'ils doivent produire ? *Les sociétés en commandite par actions sont les machines à vapeur, les chemins de fer de l'agrégation des capitaux*; acceptons-les avec reconnaissance, au lieu de porter une main sacrilège sur une des plus précieuses conquêtes de l'industrie !

M. le garde-des-sceaux invoque l'exemple de l'Angleterre, des Etats-Unis, de l'Allemagne, où les sociétés par actions sont toutes soumises à la nécessité de l'autorisation; quand le fait serait vrai, il faudrait avant que d'en tirer une conclusion pour la France, examiner si les tendances économiques de notre pays et celles de ces nations sont les mêmes, si la constitution de la propriété, l'élévation des fortunes, les ressources individuelles, l'organisation politique ne créent point de différences radicales. C'est une vieille erreur que celle de prétendre imposer à tous les Etats le niveau des mêmes règles, et une législation taillée sur un patron uniforme. Nous savons le cas que l'on doit faire de ces expédiens législatifs que l'on veut rendre communs à des peuples divers. Les nations n'ont pas été jetées dans le même moule, et chacune réclame des lois appropriées à ses instincts, à ses besoins, des lois en rapport avec ses mœurs et ses intérêts.

Mais si nous essayons de vérifier l'assertion mise en avant par M. Barthe, que trouvons-nous ?

En Angleterre il existe de fait, un grand nombre d'associations puissantes, qui se sont formées sous le régime permanent de la participation, et sans avoir recours au bill *d'incorporation*, que le parlement accorde aux sociétés qui lui soumettent leurs statuts. Ces associations *non incorporées*, se divisent en parts d'intérêt, en actions ; chaque porteur de pareils titres est, il est vrai en principe, responsable solidairement ; mais les précautions sont si bien prises, que jamais il ne peut perdre au-delà de son versement. La *commandite* a toujours été inconnue à nos voisins d'outre-mer. Seuls de tous les peuples commerçans de l'Europe, ils n'ont pas pratiqué ce moyen si simple d'associer les capitaux civils aux chances de l'industrie ; mais le principe qui a donné naissance à la commandite, s'est fait jour chez eux sous une forme différente ; une autre voie les a conduits au même but.

Nous ne prétendons pas que ces associations soient aussi répandues en Angleterre, que les sociétés en *commandite* le sont en France ; mais aussi le besoin s'en est fait moins vivement sentir ; la constitution de la propriété est bien différente dans ces deux pays ; ici les fortunes vont se morcelant et diminuant sans cesse ; là on rencontre encore debout ces grandes puissances unitaires, capables d'exécuter à elles seules les plus vastes entreprises ; ici l'association libre constitue une indispensable nécessité, là elle n'est en quelque sorte qu'un accident. D'ailleurs l'autorisation, *l'incorporation* quand elle a lieu, est prononcée par le parlement, et le pouvoir administratif à lui seul, ne possède point une faculté aussi large, aussi exorbitante.

Les idées anglaises ont prévalu aux États-Unis ; et dans les états absolus de l'Allemagne, l'activité individuelle disparaît devant la volonté d'un pouvoir suprême et unique. Vouloir, dans une monarchie pondérée, confier au seul pouvoir exécutif des attributions aussi périlleuses, c'est fausser toute déduction logique.

Mettons donc de côté des assimilations erronées, inexactes, et pénétrons au cœur même de la difficulté. Les sociétés anonymes ont peu fructifié jusqu'ici, avons-nous dit ; leur nature, leur caractère, le principe qui les domine, expliquent aisément ce résultat. Elles manquent d'unité de vues et d'action, leur forme convient parfaitement aux entreprises *passives* comme les *assurances*, où il faut uniquement administrer et non agir ; mais les entreprises *actives*, qui ont besoin d'une impulsion énergique, ne s'accommodent pas aussi bien de ce genre d'association. Nous citons encore à ce sujet l'opinion de M. Vincens (1) :

« Toute entreprise sujette à des accidens imprévus, à la rencontre de fréquens obstacles, a besoin d'une main ferme et prompte, qui puisse à l'instant décider et appliquer le remède. Si ce remède et les moyens de l'administrer *dépendent des délibérations*, si celui qui gère ne peut se retourner, aussisôt que la route tracée s'obstrue ou s'égare, il est difficile que les établissemens prospèrent. L'œil et la main du maître ne se suppléent pas par un mandataire préoccupé des limites de son mandat. Les conséquences en ont été assez éprouvées sous nos yeux dans les sociétés anonymes, fondées pour des exploitations industrielles, surtout lorsque ces exploitations et les capitaux qui les font mouvoir, sont séparés par de longues distances. »

L'honorable conseiller d'État regrette avec raison, que le gouvernement soit obligé de prendre part à l'érection de sociétés anonymes, et que son autorisation et surtout l'approbation qu'il est chargé de donner aux statuts, puissent lui faire imputer le peu de succès de celles qui vont mal. Et cependant on prétend élargir outre mesure le cercle de cette responsabilité morale ; en dépit des leçons de l'expérience, alors que par leur nature, les sociétés anonymes ne se prêtent qu'à un certain genre d'entreprises, en présence de l'immense impulsion donnée à l'industrie par l'association libre entée sur le principe de la commandite, on veut, par une malencontreuse méfiance, par une étroite appré-

(1) *Loc. cit.*, p. 32.

ciation de l'intérêt public, remettre en question tout notre avenir industriel.

Nous n'exagerons rien ; les grands travaux ne peuvent plus s'exécuter en France qu'au moyen de l'association ; et cette nécessité va s'étendre successivement, même aux travaux d'une moindre importance. Pour les affaires de quelques millions, dit M. Barthe, la commandite ordinaire, sans actions, suffira ; il lui sera facile de réunir cette quantité de capitaux. Cette confiance peut sembler téméraire, et c'est justement pour les entreprises de moyenne importance, qui dépassent les forces de quelques individus, sans atteindre aux proportions colossales, avec lesquelles la responsabilité indéfinie de l'associé solidaire ne suffit plus pour garantir d'immenses intérêts ; c'est pour ces entreprises, disons-nous, que la commandite par actions est précieuse, indispensable. Pour les grandes exploitations qui attirent forcément tous les regards, les abus de l'autorité sont moins à craindre ; car une publicité immense les stigmatiserait à l'instant même ; là où l'intérêt public se trouve fortement engagé, on comprend que le pouvoir veuille exercer un contrôle, qui rencontrera dans la gravité même de la question son contre-poids naturel ; mais le danger de l'autorisation augmente à mesure que l'importance de l'affaire décroît ; les entreprises ordinaires souffriront de ces retards, de ces lenteurs inévitables ; elles se trouveront livrées sans appui, sans défense, à l'arbitraire de l'autorité.

Les petits capitalistes seront donc sacrifiés ; ils s'éloigneront forcément de ces affaires moyennes qui ordinairement, avec les moindres chances de perte, présentent les plus fortes chances de bénéfice ; les forts capitalistes auront le champ libre, et aucun obstacle ne pourra plus balancer leur omnipotence. Le projet de loi est hostile aux intérêts des fortunes médiocres ; il les exclut virtuellement du mouvement industriel.

L'abus a été grand sans doute ; la *chevalerie industrielle* s'est montrée au grand jour, cupide, infatigable, effrontée; mais fallait-il laisser au fouet sanglant de la satire le soin exclusif de venger la morale publique; et le ministère public ne doit-il point attribuer à sa mollesse une large part des sinistres que l'on déplore? La loi n'était pas impuissante, elle aurait frappé avec rigueur les menées frauduleuses, les projets chimériques, les profits illicites, les supercheries audacieuses; mais le cœur a failli à ceux qui auraient dû la faire exécuter. D'un autre côté, il ne faut pas se méprendre sur la nature du mal, ni en exagérer l'étendue. On cite les entreprises qui ont procuré à leurs fondateurs des bénéfices scandaleux, mais c'est le petit nombre, et il serait injuste de faire porter sur toutes les sociétés en commandite le triste reflet de ces odieuses manœuvres. La plupart des affaires ainsi constituées, marchent et prospèrent; mais celles-là, on n'en parle pas, on s'attache exclusivement à signaler comme un danger énorme des cas qui deviennent de plus en plus rares. Les leçons ont été assez nombreuses, assez éclatantes, toutes les roueries industrielles ont été assez ouvertement pratiquées, pour qu'on ne soit plus pris au dépourvu. L'éducation des capitalistes s'est faite peu à peu, à leurs risques et périls: et c'est alors que le danger diminue, s'il ne disparaît pas, alors que l'on peut espérer recueillir le fruit de tant de sacrifices, qu'on vient tout détruire, tout bouleverser.

3° Quand et comment y aura-t-il lieu en paiement?

Nous avons longuement combattu le principe de prohibition inscrit en tête de la loi, et peut-être avons-nous eu tort; peut-être le gouvernement n'a-t-il pas lui-même regardé comme sérieux le projet qu'il a soumis à la chambre. Des engagemens étaient pris, il a dû y faire honneur; d'autres soucis, d'autres embarras sont venus à la traverse, ils n'ont pas permis d'exécuter un travail complet, réfléchi, rationnel, de rédiger la *Charte* que réclame l'industrie, et il a bien fallu se résoudre à couper le nœud gordien au lieu de le délier. Le champ est ouvert aux amendemens, et le projet qu'il convient plutôt de regarder comme un thème que comme une base de discussion, sortira sans doute de cette épreuve décisive, en ne conservant que le nom que lui a donné le ministère et les dispositions secondaires, dont nous serons les premiers à proclamer la justice et l'utilité.

Se livrer à une investigation attentive des vices révélés dans la pratique de la commandite par actions ; élaborer les règles propres à faire disparaître ces graves inconvéniens, tout en respectant la liberté de l'industrie, c'est suivre la voie de l'avenir. Déplacer les difficultés qu'on n'ose point aborder de front, étouffer le principe faute de savoir en régler les conséquences, détruire au lieu d'organiser, c'est manquer à ses devoirs de législateur, et céder à l'entraînement d'une véritable paresse de conception.

Les points principaux qui nous paraissent résumer les difficultés les plus épineuses de la matière, sont les suivans :

1° Les actionnaires des sociétés en commandite auront-ils le droit d'intervenir dans la gestion, et quelle sera la limite de cette faculté ?

2° Comment régler la valeur de l'apport fait à la société, et quels sont les moyens à prendre pour que les gérans soient toujours intéressés au succès de l'entreprise ?

3° Quand et comment y aura-t-il lieu au paiement des intérêts ou des dividendes ; les répartitions seront-elles sujettes à rapport ?

4° Le paiement des actions par fractions sera-t-il toléré, et faudra-t-il imposer des garanties pour l'acquittement de la totalité ?

Mais avant d'aborder ces graves questions, il convient d'examiner si, comme le prétendent des jurisconsultes éminens, la suppression des actions au porteur est chose indispensable ou même utile, pour prévenir le retour des scandaleuses déceptions, qui ont soulevé des plaintes aussi légitimes.

§ II. *Actions au porteur.*

« La division de la commandite en actions *au porteur*, a suscité tous les inconveniens dont se plaint le commerce;» telle est l'opinion récemment émise par un jurisconsulte distingué, M. Persil, ancien garde-des-sceaux (1). Nous sommes loin de partager cet avis, et la juste autorité qui s'attache aux paroles du savant auteur du *Régime hypothécaire* nous fait un devoir de développer avec une certaine étendue les motifs de notre dissentiment.

L'article 38 du Code de commerce, en autorisant la division de la *commandite* en *actions*, a permis de créer des *parts d'intérêt* égales, représentées au moyen de titres, auxquels on donne le nom d'*actions*. L'*action* est le signe matériel qui traduit un droit déterminé à une fraction de la chose commune, droit entièrement indépendant de la forme extérieure dont il est revêtu. Celle-ci ne peut que rendre plus ou moins facile la négociation d'une valeur qui existe par elle-même et qui puise toutes ses garanties dans sa propre essence.

« Les commanditaires, dit-on, ne sont pas appelés à discuter leurs intérêts; ils ne viennent plus que lorsque la société est fermée; ils sont réduits, ou à refuser leurs capitaux, ou à les compromettre légèrement dans des entreprises aventureuses. Cette objection ne touche nullement à la question qui nous occupe; car la forme extérieure donnée aux actions n'exerce aucune influence sur ces préliminaires d'association. Les souscripteurs arrivent dans des conditions égales, que les titres délivrés soient *nominatifs* ou au *porteur*; la différence de ces deux modes

(1). *Revue française*, tom. IV, pag. 98.

de rédaction, ne se révèle qu'au moment où les propriétaires des parts d'intérêt désirent les céder ; dans un cas l'endossement pourra seul opérer la transmission, dans l'autre la simple remise du titre suffira. La nature du titre ne fait donc que rendre plus ou moins facile et expéditive la négociation, la circulation de ces valeurs.

Les actions *nominatives* présentent quant à la division et quant à la représentation du capital social, la même facilité que les actions au *porteur*. Elles donnent les mêmes moyens de faire participer à l'opération les plus grandes fortunes comme les plus humbles ; leur émission est également prompte, et, comme nous venons de le dire, la facilité, la rapidité de la circulation établit la seule différence réelle qui existe entre ces deux espèces d'actions. L'avantage qui appartient sous ce rapport aux titres *au porteur*, ne devrait pas être un motif d'exclusion ; si on leur reconnaît des inconvéniens graves, que nous ignorons, pourquoi les tolérer dans les sociétés *anonymes*, et même pour les inscriptions des rentes sur l'Etat ?

On prétend que, introduire les actions au *porteur* dans la société en commandite, c'est la dénaturer et la faire dégénérer en société anonyme ; on ajoute que ces actions sont antipathiques à l'essence même de la commandite et abolissent de fait les règles fondamentales de cette espèce d'association commerciale.

Examinons la valeur de ces critiques.

La société en commandite réunit les deux autres espèces de société, dont le code de commerce régularise l'existence. Elle comprend en effet une association de personnes, comme la société en nom collectif, et possède de même une raison sociale ; d'un autre côté la *commandite* constitue une simple réunion de capitaux, sans lien de personnes comme la société *anonyme* ; elle supplée à l'autorisation du gouvernement, par la responsabilité indéfinie des associés en nom collectif. Il est donc naturel que, du moment où la division par actions a lieu dans la *commandite*, comme dans la société anonyme, la ressemblance extérieure vienne confirmer la ressemblance intime qui résulte de la limitation des chances de perte à la mise fournie. La différence n'existe que dans la nature de la garantie offerte aux tiers ; ici un examen préalable du pacte social par l'autorité ; là un recours solidaire contre les hommes qui seuls représentent la société, et dont on a suivi la foi. La ligne de démarcation est nettement tracée ; et les *actions au porteur* sont entièrement hors de cause. L'identité du principe entraîne forcément des conséquences analogues. L'association des capitaux, indépendante de l'association des personnes, se traduit toujours par des titres qui indiquent la quotité d'intérêt possédée dans l'actif social, et désignent ou ne désignent pas le nom de leur possesseur, indifféremment et à volonté. L'action *au porteur* convient donc à la *commandite*, tout aussi bien qu'à la société anonyme. L'une et l'autre se recrutent perpétuellement de membres nouveaux, étrangers les uns aux autres, espèce de population mobile, qui se rajeunit toujours. Qu'importe, dit un illustre magistrat (1), que les nouveaux membres arrivent avec des actions nominatives ou des actions au porteur. Les individus n'ont aucune influence sur la composition de pareilles sociétés (à l'exception des *gérans*), les mises s'associent aux mises, et l'on sait que les premiers souscripteurs peuvent, d'un moment à l'autre, céder leurs titres à une personne *telle quelle*. C'est là véritablement *l'essence* des sociétés par actions : elles admettent, sans distinction aucune, les associés *futurs*, abstraction faite de leurs qualités morales et de leur solvabilité. Les considérations personnelles ne peuvent entrer pour rien dans un contrat où le gérant ne s'adresse au capitaliste que pour lui dire, par la voie d'un *prospectus* :

______
(1) M. Troplong.

Qui veut souscrire pour tant d'actions, à tel prix, dans telle entreprise, sous la gestion collective et solidaire de telles personnes?

On ajoute néanmoins que deux raisons invincibles défendent d'émettre des actions *au porteur* dans les sociétés en commandite :

1° Le commanditaire, dit-on, ne peut recueillir de bénéfices qu'en fin de société. Si lors de la liquidation finale, il est établi que dans son ensemble la société a subi des pertes, des commanditaires sont tenus de rapporter les dividendes perçus ; mais cette obligation deviendrait illusoire, si l'on ignorait les noms de ceux qui ont profité des distributions faites, et en tout cas, si l'on pouvait se substituer d'autres intéressés, étrangers à cette répartition.

Cette règle, que le commanditaire ne peut recueillir de bénéfices qu'en fin de société, repose uniquement sur une jurisprudence mal assise ; elle n'est nulle part écrite dans la loi. D'ailleurs elle devrait à plus forte raison s'appliquer aux actionnaires des sociétés *anonymes*, qui peuvent facilement se trouver dans une position analogue. Nous disons *à plus forte raison* ; car dans la société en *commandite*, il reste au moins des associés solidaires, responsables des obligations communes, et qui sont obligés à parfaire le montant de ce *déficit*, tandis que dans la société *anonyme* tout s'évanouit sans retour au moment de la faillite. Pour être conséquent il faudrait donc proscrire les actions au porteur *surtout* dans les sociétés anonymes.

Mais cette sorte de *rappel* de bénéfices ne saurait se pratiquer dans aucun cas. La raison en est bien simple ; que les actions soient *nominatives* ou *au porteur*, elles sont cessibles, et circulent rapidement de main en main : rien d'aussi facile par conséquent que de se substituer un homme de paille, et quand la loi peut être éludée d'une manière si simple, faut-il, par une disposition impuissante, créer de pénibles entraves à la négociation sérieuse de ces valeurs? Au moment même où les affaires sociales auraient acquis un haut degré de prospérité, il faudrait exiger des garanties de la part du cédant, une sorte de caution pour tous les bénéfices qu'il aura pu retirer. On immobiliserait ainsi des titres destinés à circuler rapidement ; on ferait violence à leur nature, et les capitalistes ne tarderaient pas à les déserter.

La question que nous venons de traiter aura beaucoup perdu de sa gravité, quand des règles sévères empêcheront toute espèce de répartition de nature à porter atteinte à l'intégrité du fonds social. Un fonds de réserve, alimenté dans une proportion convenable, pourrait en outre contre-balancer dans une proportion suffisante, les pertes qui surviendraient postérieurement à une distribution de bénéfices réels et sincères.

2° La loi défend au commanditaire de gérer, elle le rend solidairement responsable des dettes de la société s'il contrevient à cette disposition. Comment arriverait-on à démontrer cette immixtion du commanditaire dans l'administration sociale, si les actions n'étaient pas nominatives ?

Nous venons de mentionner combien il est facile de déguiser sa qualité de propriétaire d'une action nominative, si les circonstance en imposent la nécessité. On veut réprimer la fraude ; mais elle ne sera pas assez mal avisée, pour ne point s'entourer des précautions les plus élémentaires. Le commanditaire qui voudra gérer sans s'exposer à la solidarité, se fera délivrer des *endos* en blanc ; ou bien des actions au nom d'affidés, de personnes tierces, et si l'on ne possède aucun autre élément de conviction, que la nécessité de représenter le titre qui démontre la qualité de commanditaire, on sera obligé de renoncer à toute espèce de poursuite ; car les actions soi-disant *nominatives*, posséderont, dans ce cas, toutes les vertus des actions *au porteur*.

Mais il nous semble qu'il est d'autres moyens de déjouer la fraude. Toute personne qui prend part à l'action extérieure de la société, qui la soutient de son crédit, qui se laisse considérer comme associée, ou qui souffre que son nom fasse partie de la raison sociale, devient par là même solidairement responsable vis-à-vis de ceux qui ont suivi sa foi. C'est ici le lieu de rappeler la rote de Gènes (*décis.* 39, n. 9) qui dit « *particeps tenetur, cùm sub ejus nomine expresso, vel tacito sit contractum.* » On ne saurait imaginer des cas, où le commanditaire puisse éviter l'application rigoureuse de la loi, alors que, par son fait, sa gestion ou sa signature, il aura fait croire qu'il agissait comme associé.

En Angleterre, dans le seul pays où l'on ne connaisse point *la commandite*, la plupart des sociétés, même les plus importantes, sont verbales ; rarement elles laissent des traces écrites. Dans ces sociétés on s'adjoint fréquemment des associés secrets qui portent le nom de *sleeping partners*, associés *dormans*, et qui ne veulent pas que le public sache qu'ils sont intéressés dans une maison de commerce. Ils dorment en effet tranquillement, tant que les affaires de la maison vont bien ; mais en cas de faillite, ils sont bientôt éveillés de leur sommeil, on ne manque presque jamais de les déceler. Aussi ne s'est-on jamais plaint d'une législation si confiante et si dégagée de formalités ; et en France on prétend craindre de manquer de preuves pour une immixtion dans la gestion, patente, avouée, affichée en quelque sorte !

D'ailleurs l'immixtion du commanditaire dans la gestion ne contrarie nullement l'essence du contrat de société en commandite. Il est toujours licite de s'associer aux gérans, de changer une responsabilité limitée à la mise, en une responsabilité personnelle et indéfinie ; l'abus ne commence que quand le commanditaire veut dissimuler sa qualité d'intéressé et d'administrateur, pour échapper aux obligations qu'il a ainsi contractées. C'est une précaution contre la fraude, que la loi trouve dans l'interdiction qu'elle proclame : or, dit avec raison M. Deveaux, il ne faut pas confondre les précautions prises pour la garantie d'un contrat, avec ce qui est de l'essence d'un contrat. La précaution n'est venue que long-temps après la pratique de *la commandite*.

C'est une grave erreur de prétendre que la règle inscrite dans les articles 27 et 28 du code de commerce est la *sauve-garde* des sociétés en commandite ; loin de là, peut-être une interdiction aussi absolue et que rien ne justifie, est-elle une des causes principales des abus dont on se plaint.

Aux termes de ces articles, l'actionnaire ne peut être employé pour les affaires de la société, *même en vertu de procuration*, sans encourir, par là même, la responsabilité solidaire. C'est ici, dit-on, que se manifeste principalement le vice des actions au porteur. Un intéressé pourra administrer en vertu du mandat, et le mandataire n'agissant jamais pour lui, mais toujours pour le mandant, ne pourra pas être actionné par les tiers comme ayant pris la qualité d'associé. A leurs yeux, le gérant nominal, un homme de paille, sera seul l'âme de la société, tandis qu'il servira uniquement de manteau aux véritables administrateurs.

Admettons que les actions au porteur servent réellement à éluder ainsi la disposition de la loi, qu'en résultera-t-il ? Ou le commanditaire se sera annoncé comme associé, comme gérant, et alors il ne pourra jamais échapper à la solidarité ; ou bien il aura agi en qualité de fondé de pouvoirs, et dans ce cas les tiers n'auront pas *suivi sa foi*, ils n'éprouveront aucun préjudice réel de cette immixtion. La prohibition de l'article 27 est injuste, arbitraire, aveugle ; naturellement le commanditaire se qualifie mieux que tout autre pour être investi d'un mandat du gérant ; il a un double intérêt à bien remplir sa tâche, il peut rendre des services signalés, sans aucun danger, sans inconvénient pour les tiers.

Cette malencontreuse innovation ne date que du code

de commerce, elle est en opposition flagrante avec l'usage constamment adopté depuis six cents ans dans la pratique commerciale. Il fallait, ainsi que nous l'avons dit plus haut, pour contracter une obligation solidaire, donner lieu de croire qu'on était associé; mais lorsqu'au lieu de cela on n'agit qu'en vertu d'une procuration, qu'au nom des associés solidaires, qu'on le dit, qu'on le proclame, que rien ne peut faire supposer le contraire, il y a toujours lieu d'appliquer la règle coutumière, que le statut de Gênes, énonce en ces termes :

« *Socii, vel participes societatis, vel rationis,* QUORUM NOMEN IN EA EXPENDITUR, *teneantur in solidum pro omnibus gestis, et ergà omnes, et singulos creditores, rationis vel societatis. Socii veró seu participes,* QUORUM NOMEN NON EXPENDITUR, *non intelligantur, nec sint in aliquo obligati ultrà participationem, seu quantitatem pro quâ participant* (1). »

Cet usage était conforme à la raison. Je ne puis alléguer que j'ai compté sur la responsabilité ou sur la fortune d'un associé, qui ne s'est jamais fait connaître à moi, que comme un mandataire, comme un commis, agissant pour le compte d'autrui. Déclarer solidaire celui qui n'a rien fait en son nom personnel, dont nul n'a suivi la foi, c'est consacrer, comme le dit M. Fremery, une loi tout-à-fait arbitraire et qui dévie de la juste déduction que la coutume avait suivie.

Les rédacteurs du code de commerce étaient préoccupés des nombreux abus qui avaient signalé le régime des sociétés en commandite, durant le cours de la révolution. Des lois insuffisantes et mal appliquées, une publicité douteuse, la rédaction ambiguë des actes de société, autorisaient l'existence de ces compagnies, dont les intéressés alternativement commanditaires et gérans, n'étaient connus que lorsqu'il y avait des profits à faire et n'étaient

____

(1) Liv. VII, chap. 12.

plus associés, quand il y avait des créanciers à payer. »

Rien de pareil pourrait-il avoir lieu en présence des règles certaines, imposées par le code de commerce aux associations en *commandite*, et de la publicité qui les domine ?

Nous reviendrons tout à l'heure, sur la nature réelle de cette défense de participer *à la gestion*, que contient en première ligne l'article 27. Il nous paraît utile de rappeler d'abord par quelle espèce de surprise il a pris place dans la loi, et comment les cours et tribunaux en avaient accueilli la pensée.

L'art. 17 du projet du code de commerce portait : « L'associé commanditaire ne peut concourir COMME GÉRANT, aux achats, ventes, obligations et engagemens concernant la société. » Il formulait ainsi en précepte légal un principe généralement admis et pratiqué.

L'art. 18 proclamait en ces termes la sanction de cette défense :

« En cas de contravention à la prohibition mentionnée dans l'article précédent, l'associé commanditaire est obligé solidairement avec les associés ordinaires, pour toutes les dettes de la société. »

La prohibition ne parut pas assez large au tribunal de cassation; il ajouta à l'art. 17 ces mots : « Il ne peut assister aux assemblées de la société, ni prendre part aux délibérations. »

Le tribunal de Bruxelles alla encore plus loin : « On a vu quelquefois, dit-il, de simples commanditaires abuser de la réputation que leur donnait leur grande fortune, pour exciter le crédit en faveur de leur société, sans cependant gérer ouvertement. Ne pourrait-on pas, pour éviter cet abus, ajouter à la prohibition, *ni même rien faire qui tende à augmenter le crédit de la société, soit par lettres soit par tous autres actes.* »

Mais ces sentimens d'excessive défiance ne rencontrèrent pas d'écho dans les autres tribunaux. Loin de là, la rédaction de l'art. 17 leur parut trop prêter à une extension abusive de responsabilité. Les mots COMME GÉRANT n'exprimaient pas en effet d'une manière suffisante si la loi avait uniquement entendu parler de la gestion avouée, personnelle, qui pose le commanditaire vis-à-vis des tiers entièrement au niveau des associés en nom collectif, et leur fait croire à une responsabilité mensongère ; ou bien s'il fallait englober dans cette prescription et sous le mot vague de GÉRANT, le mandataire, le simple fondé de procuration, qui, loin de se mettre en avant, s'efface au contraire ostensiblement, et s'abrite sous le nom des chefs naturels de la société, en n'induisant personne en erreur sur sa qualité, en ne faisant suivre sa foi à personne.

Aussi voyons-nous le tribunal de commerce de Lyon demander la suppression entière des art. 17 et 18 du projet, afin de laisser les choses suivre leur cours naturel et d'abandonner à l'appréciation des magistrats les cas d'immixtion frauduleuse et contraire aux principes.

Le tribunal de *Douai* redoute aussi la trop large interprétation qu'on pourrait donner au mot GÉRANT, et s'exprime ainsi dans cette pensée. « On ne voit aucune raison, aucune sorte d'intérêt qui puisse motiver cette prohibition ; il serait peut-être mieux de réduire cet article aux termes suivans :

« L'associé commanditaire ne peut concourir comme gérant, EN SON NOM.... Ou, ne peut SANS UN MANDAT SPÉCIAL, concourir, etc. »

Nous citerons encore les observations du tribunal d'Orléans : « Quel est, dit-il, le motif de cette prohibition et de la peine qui y est attachée ? Si le commanditaire ne gère pas comme associé, mais comme simple *mandataire ?* Pourquoi, par exemple, un ancien commis ne pourrait-il pas placer ses fonds d'épargne en commandite dans la société et continuer de gérer pour elle, sans devenir associé ordinaire, et comme tel, obligé à toutes les dettes de la société? »

Nous mentionnerons simplement Genève, Toulouse, Marseille, Strasbourg, le Havre, qui se prononcèrent avec force dans le même sens.

La commission chargée de la révision des observations des cours et tribunaux, au lieu de rendre compte de cette critique si générale et si précise, s'attacha à justifier l'article du projet, qui fut maintenu.

Le Conseil d'état ne paraît avoir pris aucune connaissance des observations des tribunaux; et, tandis que les principales villes commerçantes réclamaient une limitation plus précise du terme de *gérant*, il lui donna explicitement l'extension redoutée, en y ajoutant ces mots *même en vertu de procuration*; c'était prendre le contre-pied des justes exigences du commerce, et infliger au commanditaire la solidarité, précisément dans les cas où cette pénalité avait été presque unanimement repoussée.

Pour terminer cette trop longue digression, nous dirons en résumé que les art. 27 et 28 du Code de commerce, dont on argumente sans cesse pour repousser l'émission des actions *au porteur* dans les sociétés en commandite, sont une innovation malheureuse, qui ne date que de 1807, et qu'on devrait abolir au plus tôt, en retournant à l'application légitime de la pratique universellement adoptée depuis la création de cette espèce de contrat. La personne qui s'annonce, qui s'affiche comme associée, qui contracte en cette qualité, deviendra solidaire par ce fait public, patent; celle qui n'agit que pour autrui, qu'en vertu d'un mandat, en n'assumant aucune responsabilité personnelle, suivra la loi commune, qu'elle soit ou non intéressée à l'entreprise en qualité de commanditaire. Si les actions *au porteur* ont réellement pour effet d'annihiler une prohibition arbitraire, injuste, funeste, au lieu de les proscrire, il faudrait voir en elles une sorte de correctif, développé spontanément pour remédier à l'erreur du législateur, une espèce de droit prétorien qui vient tempérer la rigueur trop absolue de la loi écrite.

Cette difficulté est cependant la seule qui soit propre aux sociétés en commandite, et sur laquelle on insiste le plus.

Le *rappel des bénéfices* dont nous avons déjà parlé, et la difficulté (que nous examinerons plus tard) de faire compléter leurs mises à des détenteurs inconnus, alors que le prix des actions est versé par fractions, sont des inconvéniens communs à la société anonyme, où cependant les actions *au porteur* sont admises sans contestation aucune. L'autorisation du gouvernement ne saurait y porter remède, et les prescriptions de la loi qui tendraient à combattre et à diminuer le mal, peuvent tout aussi bien s'appliquer à *la commandite*.

Nous avons été à même de voir combien peu il importe de ramener à leur stricte exécution les articles 27 et 28. Puisqu'il s'agit de formuler une législation nouvelle, nous nous sommes attachés aux principes de la matière; nous avons essayé de rechercher ce qui doit être, plutôt que ce qui est, de sonder la raison de la loi, au lieu d'en expliquer le sens obscur et contesté. C'est pourquoi nous avons passé sous silence la discussion approfondie soulevée en 1830, devant le tribunal de commerce de la Seine, sur la question de savoir si l'article 38 du Code de commerce autorisait ou non la division du capital de la commandite en actions au porteur. L'argument principal, décisif, invoqué par les adversaires du principe de la tolérance absolue, était justement le danger que courait l'application de l'art. 27; un des jurisconsultes les plus versés dans les matières commerciales, M. Horson, disait alors et répète aujourd'hui qu'il faut opter et sacrifier, dans les commandites, ou les actions au porteur, ou la prohibition de gestion en la personne des commanditaires. Nous croyons avoir démontré tout ce que cette prohibition a d'injuste et de vexatoire, sans aboutir à aucun résultat favorable aux tiers et à la société, et les magistrats consulaires ont sans doute instinctivement obéi à cette idée, quand ils ont proclamé que la seule différence qui existe entre le contrat de *commandite* et la société *anonyme*, réside dans l'autorisation du gouvernement et la responsabilité des gérans; que la *commandite* n'est en réalité qu'une société anonyme soudée à une société en nom collectif, et soumise sans distinction aux lois qui régissent celle-là.

Ils se fondaient encore dans leur décision, *sur ce qu'on ne saurait trop favoriser l'esprit d'association en France, puisqu'il est une des causes de la prospérité du commerce.* Or les actions *au porteur* sont sans contredit le moyen le plus puissant, le plus énergique, le plus propre à faire refluer dans le commerce les *capitaux civils.* Gardonsnous de les sacrifier à des appréhensions étroites, qui ne dérivent que de la lettre morte de la loi, et doivent tomber devant une révision rationnelle de notre législation commerciale.

C'est donc un mauvais moyen d'obvier au fâcheux état de la *commandite*, que de vouloir supprimer les *actions au porteur* (1). On assurerait ainsi l'application plus facile de l'art. 27; mais ce serait au détriment de la société, qui a le plus grand intérêt à le voir rayer de la loi. Les tiers, les créanciers y trouvent, dit-on, une garantie qu'on ne saurait leur enlever sans péril. Mais ce n'est pas à l'égard des créanciers des sociétés, que les abus se sont introduits, ils ont atteint le public actionnaire. Se borner aux garanties

(1) Nous ne parlons ici que des actions qui représentent l'*apport* fait en argent par les associés commanditaires; celles délivrées comme représentation du prix des apports faits en nature, aussi bien que celles souscrites par les associés en nom collectif, doivent être toujours *nominatives*, ainsi que nous le démontrerons plus tard, en nous occupant de l'estimation des apports et de la responsabilité des gérans.

méticuleuses qui protégent les intérêts de ceux qui traitent avec les sociétés en commandite, c'est prendre des souvenirs pour la réalité présente, c'est méconnaître entièrement les leçons de l'expérience, leçons si cruellement achetées. Il suffit d'arrêter ses regards sur cette confusion immense, qui règne dans les affaires des sociétés en commandite, pour se convaincre que c'est de leur organisation, de leur régime intérieur, qu'on doit s'occuper avant tout, et non de leurs rapports extérieurs. Consultez le registre des faillites, vous y rencontrerez les noms de certaines sociétés anonymes; mais il est rare d'y voir ceux des *commandites par actions*. Elles se ruinent, leur capital est dissipé, mais elles ne déposent pas leur bilan, et la raison en est bien simple. Tout le désastre péserait alors sur les *gérans*, qui sont maîtres d'arrêter l'entreprise, au moment où ils peuvent redouter que leur responsabilité *subsidiaire* ne soit mise en jeu. Tant qu'il reste une parcelle du capital *de la commandite*, ce capital supporte seul toutes les charges, répond seul de toutes les obligations; quand il touche à son épuisement complet, la société se dissout, se liquide; les actionnaires perdent leur mise entière, et le gérant, qui n'avait d'autre intérêt dans l'affaire, que de percevoir un traitement souvent fort élevé, ne risque rien, ne supporte aucun sinistre, et *monte* souvent une nouvelle entreprise, où tout est bénéfice pour lui en cas de réussite, où il ne hasarde rien en cas de désastre. Ceci est encore la combinaison la plus simple, la plus *loyale* relativement, et on rencontre même rarement des sociétés en commandite, dont les fondateurs consentent à ne pas profiter et largement profiter de la ruine de leurs co-associés, qui est de plus souvent leur ouvrage.

On voit des apports ridiculement exagérés, qui servent à faire consommer une vente très-fructueuse sous l'apparence d'un contrat de société.

On voit une propriété immatérielle, une idée, une invention souvent la plus ridicule, la plus vaine, et qui est destinée infailliblement à avorter dans l'exécution, se poser comme une valeur assise, déterminée, considérable et s'échanger contre des *actions industrielles* qui, modifiées à dessein dans leur nature, prennent rang à l'égal des actions de capital, participent à tous les bénéfices, et qui même, lorsque la société tombe, viennent disputer les débris du capital social à ceux qui ont éprouvé des pertes matérielles par la vaine confiance que cette idée, que cette invention leur avait inspirée.

On voit des répartitions frauduleuses de prétendus bénéfices, pris sur le capital même, et le paiement régulier d'intérêts puisés à la même source, faire croire à une prospérité mensongère, et faciliter l'écoulement des actions, par l'appât d'un profit imaginaire.

On voit enfin les gérans exercer un pouvoir absolu et sans contrôle, disposer à leur guise du capital de leurs associés, dont ils ne sont en réalité que les mandataires, persévérer, nonobstant des conseils et des avis impuissans, dans une exploitation évidemment ruineuse, pourvu qu'ils y trouvent un bénéfice personnel, affranchis qu'ils sont de toute espèce de surveillance, par la terreur qu'inspire aux commanditaires une loi obscure, mal définie et qui englobe dans ses termes ambigus leurs actes les plus insignifians comme les plus utiles, en faisant sans cesse peser sur leur tête, la responsabilité solidaire, véritable épée de Damoclès dont ils s'efforcent d'éviter l'atteinte, en se condamnant à un rôle passif et muet.

Tels sont les vices véritables qui soulèvent une réprobation unanime; voici la plaie qui saigne et qu'il importe de cicatriser. La suppression des actions au porteur est un réactif violent et qui ne possède même pas le mérite de neutraliser le poison véritable. C'est un moyen de salut qui cotoie la difficulté réelle, sans l'atteindre, sans la dompter.

§ III. *Droits des commanditaires*

Nous avons essayé de résumer plus haut (1), dans quatre questions principales, les points qui seuls, à notre avis, réclament une solution prompte et radicale. Si l'on parvient à organiser la *société en commandite*, de manière à donner à ces questions une réponse satisfaisante, complète, il ne s'agira plus de remédier aux vices des *associations libres* par actions, car ces vices auront disparu.

Nous nous sommes demandé d'abord si les actionnaires des sociétés en commandite devaient, et dans quelle mesure, avoir le droit d'intervenir dans la gestion.

Par une extension abusive donnée aux termes de l'article 27 du code de Commerce, que nous retrouvons encore ici comme l'obstacle principal, on a prétendu, en prenant au pied de la lettre les dispositions proposées par le tribunal de *Cassation* (2), que les commanditaires ne devaient assister à aucune assemblée, ni prendre part à aucune délibération; que toute action *intérieure*, *domestique*, sur la marche de la société leur était interdite, aussi bien que toute action extérieure; et que l'intervention *occulte*, tout comme l'intervention patente, les rendait responsables solidairement vis-à-vis des tiers. Sans cela, ajoute-t-on, le but de la loi est manqué; en repoussant le commanditaire de la gestion, elle a voulu «empêcher les spéculations frauduleuses faites avec audace, sous un nom inconnu, à l'aide duquel on faisait les plus hasardeuses spéculations du commerce, de banque ou d'agiotage, et qu'on livrait en cas de mauvais succès au déshonneur obscur d'une banqueroute calculée d'avance.» Le gérant qui ne conserve pas son libre arbitre, auquel une volonté intérieure vient s'adjoindre pour donner l'impulsion aux affaires de la société, n'est

(1) *V*. pag. 33.

(2) V. pag. 42, *in fine*.

plus que ce *gérant* apparent, au nom duquel on tente les chances les plus téméraires, au risque de l'abandonner au déshonneur d'une banqueroute.

Tel est l'avis de jurisconsultes distingués, et l'on conçoit combien une pareille opinion doit inspirer d'effroi aux commanditaires. Bien que, suivant ce que nous avons dit, cette responsabilité soit plutôt nominale que réelle (car les *gérans* laissent rarement arriver les choses au point où pourrait commencer leur propre solidarité, et par conséquent celle des actionnaires qui auraient plus ou moins participé à la direction de la société), elle suffit néanmoins pour entraîner les plus désastreuses conséquences. Si la loi actuelle prononçait réellement une pareille prohibition, on ne saurait trop tôt l'abolir; car nous y voyons le germe de toutes les déceptions, de tous les embarras qui entraînent la ruine des commanditaires.

Nous ne pensons pas que la loi doive être entendue dans ce sens; nous ne pensons pas que dans la *commandite* ordinaire, dans la *commandite* sans actions, on ait voulu rendre solidaire l'associé, qui dans le secret du cabinet ou par correspondance, discute avec le gérant les opérations sociales, sans avoir aucune relation avec les créanciers de la société et en leur demeurant entièrement inconnu.

Tous ceux qui se tiennent en dehors de l'action extérieure de la société ne sont responsables que de leur mise; tel est le principe fondamental de la *commandite*, telles sont les traditions de la *coutume* commerciale. C'est là l'exacte équité, *particeps tenetur cùm sub ejus nomine expresso, vel tacito sit contractum*, dit la rote de Gènes, ainsi que nous l'avons rappelé plus haut; ajouter quelque chose à cette déduction, c'est l'altérer, c'est s'écarter du droit (1).

« De droit commun, dit Merlin (Questions de droit,

____

(1) Cf. Frémery, *Études de droit commercial*, p. 60.

v° Société, § III bis, III), l'associé en commandite, n'est pas moins fondé que l'associé en nom collectif, à prendre connaissance des livres, registres et écritures de la maison sociale. Il a même, comme lui, le droit de prendre part aux délibérations de la société. »

Aussi « le Code n'interdit au commanditaire que les actes de gestion, et non le concours aux délibérations de la société; cette limitation de la défense résulte non seulement du texte, mais encore de ce qui s'est passé lors de la discussion. En effet, la rédaction adoptée d'abord au conseil d'état décidait que le commanditaire *ne pourrait concourir ni être employé en aucune manière, aux achats, ventes, etc. Le tribunal observa qu'un des droits du commanditaire est de participer aux délibérations générales de la société; et ces délibérations ont souvent pour objet ou d'en approuver les opérations, ou d'en autoriser les engagemens, de sorte que, sous ce rapport, le commanditaire y concourt et doit y concourir, du moins par son consentement. Ces observations ont été adoptées par le conseil-d'état, et l'on y a conformé la rédaction* (1) »

Un avis du conseil-d'état du 29 avril 1809 rend cette vérité plus saillante encore. En effet, il y est dit formellement :

« Que les art. 27 et 28 du Code de commerce ne sont applicables qu'aux actes que les associés commanditaires feraient en représentant comme gérans la maison commanditée, même par procuration (2). »

La loi ne les exclut donc que des rapports que les gérans ont avec les tiers; il leur est défendu de participer aux relations qui s'établiront entre la société et ceux qui traitent avec elle; ils doivent, dit M. Persil fils, *rester toujours dans la coulisse*. Si la loi leur commande de demeurer

(1) Locré, *Esprit du Code de commerce*, art. 27.
(2) Sirey, 9, 2-384.

inconnus au tiers, elle leur conserve la faculté d'user de leur titre d'associé dans les relations intérieures, entre les membres de l'association.

M. Pardessus a parfaitement défini le caractère véritable de la prohibition que contient le code de commerce; voici ses paroles que nous citons textuellement:

« On n'interdit au commanditaire que les actes de gestion et non le concours aux délibérations de la société, même à celles qui auraient pour but ou d'en approuver les opérations ou d'en autoriser les engagemens, de sorte que le commanditaire a intérêt et droit d'y concourir. Tout *ce qu'il faut, c'est qu'il n'agisse et ne traite jamais avec les tiers*, que ceux-ci ne soient pas fondés à induire de sa conduite qu'il faisait les affaires de la société; qu'en un mot le droit d'agir pour la société n'appartienne qu'aux associés responsables et solidaires, sauf le droit du commanditaire contre eux, s'ils avaient enfreint quelques conditions particulières de leur association.

« Ce qui doit distinguer ce cas de celui d'un concours à *l'administration* qui est la seule chose interdite, c'est que les délibérations ne forment de lien qu'entre le commandité et le commanditaire, qu'elles n'empêchent pas le commandité d'agir avec les tiers d'une manière opposée à ces délibérations et d'obliger valablement la société; qu'un commanditaire ne serait pas recevable à attaquer les conventions du commandité avec les tiers, sur le fondement qu'elles seraient contraires aux délibérations intérieures, sauf son action en dommages-intérêts contre son associé.

« Les tiers ne pourraient, dans tous ces cas, dire qu'ils ont eu sujet de croire que le commanditaire administrait, tandis qu'il en serait autrement si le commanditaire prenait part aux conventions entre la société et les tiers, et qu'alors il aurait évidemment échangé sa qualité et perdu les avantages d'une responsabilité limitée à sa mise. »

L'influence intérieure, le contrôle, la surveillance pas

sive, dérivent donc du contrat de commandite, tel, qu'il est reglé par la loi actuelle. Si l'on n'a pas fait un usage plus fréquent, plus efficace de ce droit, c'est parce qu'il n'est pas nettement défini. Au lieu de tracer des limites qui déterminent les pouvoirs attribués aux commanditaires, le Code de commerce laisse le champ libre aux commentaires, aux interprétations, à l'appréciation arbitraire des tribunaux. De là l'hésitation naturelle des actionnaires, qui se trouvent paralysés par la crainte d'outre-passer leurs droits, et qui préfèrent en faire l'abandon, plutôt que d'encourir une responsabilité menaçante.

Aussi, que l'on conserve ou non les restrictions portées dans l'art. 27, il importe de sortir du vague que sa rédaction si élastique laisse subsister. Les commanditaires doivent être bien fixés sur le point de savoir ce qu'il leur est permis, ce qu'il leur est défendu de faire.

Mais il ne suffit pas d'expliquer l'esprit de la loi existante, il faut le modifier.

Il est de ces principes qu'un respect superstitieux environne; on les accepte sans les discuter, on les prend pour point de départ, pour base de théories, de systèmes, souvent ils entraînent par une déduction inflexible à des conséquences désastreuses, également contraires à l'intérêt public et à l'équité. Vous interrogez alors leur raison d'être, vous sondez leurs fondemens, et à votre grande surprise, l'idée qui commandait une aveugle obéissance, apparaît dans son impuissance et sa fragilité.

La prohibition d'intervenir dans la direction des affaires communes, énoncée contre les commanditaires sans distinction, sans réserve; la négation de leur libre arbitre, étendue même aux relations intérieures, auxquelles les tiers sont absolument étrangers, ne rentre-t-elle point dans cette catégorie?

Et cependant c'est autour de cette prohibition d'intervenir, dont on a fait on ne sait trop pourquoi, le *sine qua non*, l'essence des sociétés en commandites, que fourne communément toute la discussion

Nous avons eu occasion, en examinant la question des *actions au porteur*, de rappeler des règles qu'il nous paraît juste et utile d'adopter, touchant la gestion des affaires communes par les commanditaires. Si pour ces rapports externes de l'association, nous sommes parvenus à démontrer que, toutes les fois que le commanditaire n'a pas fait suivre sa foi, qu'il s'est présenté non comme obligé personnellement, mais au contraire comme obligé pour autrui, il était aussi nuisible qu'inutile d'étendre sur lui une solidarité que rien n'explique et ne justifie, à plus forte raison, devrons-nous adopter la même conclusion à l'égard de l'influence légitime qui appartient à l'actionnaire, dans ses rapports purement intérieurs avec le commandité.

Ici la prohibition de la loi ne se bornerait pas à être absurde, elle entraînerait le plus fatal résultat; elle éloignerait de la société en commandite les capitaux qui affluent naturellement dans cette direction.

La commandite par actions est, avons-nous dit, une véritable société anonyme, soudée à une société en nom collectif; les gérans, dont la responsabilité solidaire et indéfinie remplace la garantie de l'examen préalable du pacte social, agissent bien par eux-mêmes et en partie pour eux-mêmes, mais ils gèrent aussi la chose d'autrui et confondent dans leur personne les qualités de propriétaires et de mandataires. L'acte de société est la charte qui précise les limites et les conditions de leur mandat. « Qu'un cas imprévu se présente, qu'une mesure de salut commun soit à prendre, qu'une modification soit reconnue nécessaire à la combinaison sociale primitive, le gérant recule devant la crainte de se compromettre vis-à-vis de ses commanditaires; les commanditaires reculent devant la crainte de se compromettre vis-à-vis des tiers, et la société tombe ;

l'ambiguité du principe est telle que d'excellens esprits
en sont arrivés à craindre, que le concours à une délibération, qui aurait pour but de remplacer un gérant empêché
ou décédé, ne put être assimilé à un acte de gestion, à
une immixtion illégale dans les affaires de la société » (1).

Et cependant les délibérations des associés, prises dans
leur intérêt collectif, qui n'est autre que celui de la société,
ne peuvent que servir aux tiers, loin de leur porter préjudice.

Les relations entre le commandité et les commanditaires se trouvent seules modifiées ; l'action du commandité vis-
à-vis des tiers conserve toute sa liberté.

Le point capital à établir selon nous, c'est de distinguer
l'*action*, la *gestion*, de la règle tracée pour cette *action*,
pour cette *gestion*. L'acte de société contient les premiers
linéamens des dispositions restrictives qui déterminent les
attributions du gérant, donnent ouverture à sa responsabilité vis-à-vis de ses co-associés et tracent les limites dans
lesquelles un conseil de surveillance *sérieux* doit le maintenir. Ceux qui prétendent donner à l'associé en nom collectif, un pouvoir absolu dans son principe, comme dans
son expression, oublient que l'acte de société trace un but,
des conditions auxquels le gérant doit rester fidèle ; les
délibérations des actionnaires ne viendront que comme
complément, comme explication du pacte social. On n'af-
faiblira pas la responsabilité morale du gérant, en la mettant, dans certains cas d'une haute gravité, à l'abri d'une
délibération d'actionnaires, et si, tout en respectant ostensiblement des statuts imparfaits, le gérant peut tout perdre, il
est bon que des co-associés l'arrêtent dans sa marche périlleuse.

Le conflit de ces deux intérêts est grave sans doute, et
le point d'intersection, difficile à préciser, en restreignant

____

(1) Horson.

par trop l'autorité du chef légal de l'entreprise, de l'associé solidaire, on peut craindre de ne pas rencontrer d'hommes qui se décident à encourir une aussi grande responsabilité ; d'un autre côté en consacrant l'omnipotence indéfinie
du gérant, on éloigne les actionnaires. Une mauvaise direction peut compromettre l'existence de la société, et d'autre
part on ne saurait non plus ouvrir un champ trop libre à
l'esprit d'hostilité qui animerait certains actionnaires, aux
cabales, aux surprises. L'unité d'impulsion, avantage pré-
cieux de la *commandite*, ne doit pas dégénérer en un vain
mot. Déjà dans certaines circonstances, on a, contrairement à l'esprit de la société *anonyme*, stipulé que les administrateurs conserveraient durant tel espace de temps,
la direction de l'affaire, tant on a reconnu la nécessité de ne
point exposer aux fluctuations d'une majorité incertaine,
une des conditions fondamentales du succès. La perpétuité
de gestion peut engager des hommes habiles à se charger de
l'entreprise. Mais, pourvu que des précautions convenables
garantissent les délibérations contre toute surprise, l'intérêt
social parlera assez haut pour prévenir les fausses mesures, pour empêcher que quand même on concéderait
aux associés commanditaires le droit de révoquer leur gérant, il ne soit fait abus de cette prérogative. La mutation
ne doit pas, sans doute, dépendre d'un caprice ; mais
aussi, quand le besoin de changement est manifeste,
le pouvoir de l'assemblée générale des commanditaires,
ne saurait être borné à de simples *remontrances*, et la
destitution d'un gérant inhabile, insouciant, ou peu délicat,
doit rentrer dans ses attributions. Le droit de surveillance
est stérile s'il ne va pas jusqu'à donner le moyen de faire
exécuter les résolutions régulièrement prises par l'assemblée générale des commanditaires. La faculté de destituer
le gérant est la seule *sanction* efficace ; on aurait tort de
l'assimiler à l'élection périodique des administrateurs de la
société anonyme ; une *peine* est toujours plus difficilement

appliquée qu'un droit, et il est facile de l'entourer de garanties telles, qu'elle ne puisse jamais frapper à faux. Quand la loi exigerait, pour accomplir un acte aussi grave, l'unanimité du conseil de surveillance, et la majorité en nombre et en sommes de tous les intéressés, ou à défaut de l'unanimité dans le conseil de surveillance, les deux tiers des voix des associés, tout gérant d'une capacité ordinaire, serait assuré de fait de son inamovibilité. Si la nature de la société en commandite lui attribue un pouvoir d'action absolu, illimité dans son exercice, la perspective d'une révocation possible, rendrait sa gestion plus attentive.

De cette manière le problème sera résolu; car la vigilance des actionnaires ne portera aucune atteinte à l'unité d'action du gérant; elle l'empêchera seulement de s'égarer.

C'est dans ce sens que nous regardons comme une chose indispensable, d'accorder à une majorité d'actionnaires déterminée, le droit de prendre des résolutions sur des mesures importantes qui intéressent l'avenir de la société, de modifier les statuts, de prononcer la dissolution anticipée de la société, ou même de changer le gérant.

L'Empire a marqué la société en commandite d'un cachet de domination absolue; ramenons-la à des principes plus conformes aux idées actuelles. Le pouvoir exécutif du gérant, illimité dans son exercice, sera limité dans son principe. Les actionnaires ne pourront pas individuellement s'immiscer dans la gestion; mais la *société*, réunion de tous ces élémens épars, jouira d'une suprématie reconnue, et le *conseil de surveillance*, sans agir par lui-même, devra exercer un contrôle vigilant et non interrompu sur les actes des associés en nom collectif, sauf à faire appel à l'assemblée générale quand il en reconnaîtra la nécessité. Les statuts pourront être modifiés à une majorité de voix suffisante pour prévenir toute surprise, en cas de nécessité absolue, la société aura la faculté de se dissoudre ou de remplacer son chef, en faisant succéder le nouveau gérant aux obligations de l'ancien.

On appliquera ainsi à la commandite, avec les modifications convenables, tout ce qu'il y a d'avantageux dans la marche suivie par les sociétés *anonymes*.

L'exercice du droit des commanditaires, libre désormais d'incertitudes et de dangers, ne risquera plus de se voir déserté au détriment de la cause commune.

Le seul point qui nous paraisse de nature à soulever quelque difficulté, c'est la destitution du *gérant*. Nous croyons que cette faculté doit appartenir à l'assemblée générale, sous des conditions sévères, dictées par une juste pondération des divers intérêts. En tout cas il est indispensable que la *dissolution de la société* rentre dans ses attributions. En cas de perte de moitié du fonds social, tout actionnaire doit pouvoir la demander.

Mais le résultat le plus important, le plus utile de cette organisation nouvelle, ce serait de faciliter les moyens de diminuer l'exagération des *apports*, ou des avantages stipulés par les gérans, et d'explorer, de sonder le capital social.

Cela nous amène naturellement à l'examen de la seconde question que nous nous sommes posée, à savoir : *comment régler l'apport fait à la société et quels sont les moyens à prendre pour que les gérans soient toujours intéressés au succès de l'entreprise.*

§ 4. *Constitution de la société. — Règlement de l'apport. — Obligations des gérans.*

Le principal reproche fait à la société en commandite par actions, consiste à dire que le commandité, au lieu de débattre les stipulations du contrat de société avec les commanditaires, leur fait la loi, règle à son gré les conditions du pacte social, et spécule le plus souvent sur l'ignorance; ou sur le laisser-aller des souscripteurs d'actions, qui s'enquièrent rarement des statuts.

Ce reproche est juste, fondé; dans le système du gouvernement, le conseil d'État se poserait comme défenseur des intérêts des actionnaires; dans le système que nous professons, les actionnaires devraient pouvoir se défendre eux-mêmes.

Une entreprise industrielle, pour être mise en mouvement, a besoin de réunir un certain capital, et la plupart de celles qui avortent dans l'exécution, doivent attribuer leur ruine à l'imprévoyance des gérans qui ont commencé l'exploitation avant de s'être assuré les ressources nécessaires. Tant que le fonds social n'est pas complet, il y a un projet de société, la société n'existe pas; sa constitution définitive est soumise à une condition suspensive.

La loi devrait étendre les termes de cette condition et prescrire, au moment où toutes les promesses d'*actions* sont souscrites, une convocation générale des membres de la société future. Dans cette assemblée, auraient lieu la révision des statuts, la fixation des avantages concédés aux gérans, l'évaluation de l'apport, la vérification des souscriptions effectuées.

En adoptant cette marche, les clauses vicieuses du pacte social pourront être amendées; les avantages attribués aux gérans ne viendront pas absorber la majeure partie des produits; la valeur des effets mis en société sera débattue; enfin la *réalité* du capital social ne soulevera plus de doute. Trop souvent, des *gérans* dénués de toute ressource, ou ne désirant point engager leurs fonds dans une entreprise, ont pompeusement annoncé qu'ils prenaient un nombre considérable d'actions, sauf à ne pas verser un centime sur leur souscription prétendue. Les commissaires, nommés par l'assemblée apprécieront la véracité de pareilles assertions, ils feront produire les preuves, les pièces justificatives, et les ressources sociales cesseront d'être une fiction trop souvent stérile.

De cette manière seulement pourrait s'établir un véritable contrat *synallagmatique* dans ses termes, comme dans son esprit, entre le commandité et les commanditaires. Ce qui n'avait été jusque-là qu'un projet deviendrait un pacte définitif, et les promesses d'actions se transformeraient en titres parfaits. Mais, dans ce pacte même, ainsi que nous l'avons expliqué plus haut, une clause résolutoire serait toujours sous-entendue ; un nombre suffisant de votans pourrait, si des circonstances graves en imposaient le devoir, arrêter l'exploitation commune, ou la continuer en donnant un nouveau chef à la société.

Nous venons de mentionner l'*évaluation de l'apport*, c'est le côté le plus vulnérable de la loi actuellement en vigueur, c'est la source des abus qui ont soulevé, contre les sociétés en commandite par actions, une réprobation énergique, juste en apparence, mais irréfléchie dans sa généralité. Le gouvernement croit que l'autorisation du conseil-d'état peut seule détruire le mal. Nous avons apprécié plus haut et les vices et l'insuffisance de ce remède violent ; nous avons en même-temps fait pressentir le système qui peut le remplacer avec un avantage certain.

La discussion du pacte social, par l'assemblée générale des commanditaires, serait déjà d'un secours puissant pour empêcher des évaluations ordinairement exagérées. Mais cela ne saurait suffire, il faut multiplier les moyens de contrôle ; l'examen préalable peut être incomplet, l'appréciation erronée, l'estimation souvent difficile et quelquefois impossible. Il faut, pour obvier à ces dangers, un correctif énergique, qui serve en quelque sorte de pierre de touche à la bonne foi des gérans, et qui puisse atteindre l'exagération de l'apport dans l'exécution du pacte social, si on n'a pas su l'éviter au moment de la création de l'entreprise.

Les fondateurs des commandites par actions apportent

ordinairement, avec ou sans valeurs matérielles, un brevet
d'invention, une idée, un achalandage, leur nom, leur
temps et leurs soins pour l'avenir ; en représentation de
cet apport, ils s'attribuent une certaine quantité d'actions,
que souvent ils réalisent immédiatement, et qui, soit dans
la distribution des profits, soit dans la liquidation en cas de
sinistre, viennent à partage avec les capitaux effectivement
versés (1). Une vente onéreuse se déguise sous les faux
dehors d'un contrat de société ; le fondateur n'a d'autre
intérêt que de négocier au plus vite ses actions pour toucher un scandaleux bénéfice. Ce but une fois atteint, que
l'entreprise réussisse ou non, peu lui importe, il n'a d'un
associé solidaire que le nom ; il fera *liquider* l'affaire avant
que sa responsabilité personnelle ne soit mise en jeu.

La loi, pour rendre impossibles de pareilles manœuvres, n'a qu'à mettre en relief des vérités obscurcies à
dessein.

Quand le fondateur d'une société appelle à lui les capitaux des commanditaires, il se propose ou de continuer,
d'étendre une exploitation préexistante, qui comprend des
valeurs *matérielles* proprement dite, ou de tout créer, de
réaliser une idée, un plan, qui n'ont pas encore reçu de
commencement d'exécution. Il en résulte que l'apport fait
à la société est *matériel*, ou *immatériel*, facilement appréciable pour sa valeur *vénale*, ou n'ayant qu'une valeur
d'*opinion* entièrement indéterminée. Dans le premier cas,
le fondateur doit obtenir, en échange de sa mise, un certain nombre d'actions formant le capital que la société aurait déboursé pour acquérir ces objets ; il paie en nature,
au lieu de payer en argent, la part d'intérêt qui lui est ré-
servée dans l'exploitation commune.

Mais s'il s'agit d'un apport, quelquefois d'une utilité fon-
damentale, sans que de sa nature il soit appréciable en

(1) Horson, *loc. cit.*, p. 9.

argent ; d'un apport qui n'étant ni vénal, ni transmissible ne peut point s'incorporer dans le *fonds social*, composé nécessairement de valeurs palpables, saisissables et susceptibles d'être mises en vente, au moment de la liquidation, on comprend de prime-abord qu'un pareil apport donne droit au partage des bénéfices, mais non à la co-propriété du fonds social. Dans les sociétés anonymes où les principes véritables ont été maintenus, on crée, en échange de ces valeurs extraordinaires, une série d'actions d'une nature distincte, et qu'on nomme *actions industrielles* parce qu'elles participent uniquement aux produits de l'industrie. Ordinairement, dit M. Vincens, on divise les bénéfices nets en deux parties ; on fait la première égale à quatre ou cinq pour cent du capital versé, et on l'attribue, par prélèvement, aux actions payantes, pour représenter l'intérêt de leurs mises qui ne se paie pas autrement. S'il y a des bénéfices au-delà, c'est l'objet d'un *dividende* auquel concourent ces actions et celles d'industrie. A la dissolution de la société, les actions industrielles ne participent au produit de la liquidation qu'après que les actions payantes ont été intégralement remboursées de leur mise. Les actions *industrielles* ne donnent donc ouverture qu'à des droits éventuels, incertains : elles constituent une juste rémunération des idées, des services utiles à l'entreprise, sans jamais ébrécher le capital versé, ni l'intérêt légal qu'il doit naturellement produire. De cette manière, si l'invention, si l'idée est bonne, si les soins donnés à la société sont profitables et la font prospérer, une récompense légitime ne leur manque jamais ; mais dans le cas contraire, quand l'invention est stérile, quand l'idée est impuissante, celui qui a fait appel aux capitaux groupés autour de lui, ne leur causera du moins aucun préjudice autre, que les chances désavantageuses qu'il leur aura fait courir.

Par un abus inconcevable, on a, dans plusieurs sociétés

en commandite par actions, complétement dénaturé les actions industrielles, en leur attribuant tous les droits qui appartiennent aux actions de capital. Elles touchent les intérêts, comme elles participent aux dividendes, et quand l'entreprise périclite, quand l'exploitation avorte, quand une partie du capital réellement versé, a été sacrifiée à l'exécution d'un plan souvent inexécutable, les actions *industrielles* délivrées en échange d'une valeur que l'expérience a démontrée être *négative*, en échange de l'idée qui par la fausse confiance qu'elle inspirait, a causé tout le mal, ces actions, disons-nous, recueillent encor le prix de leur propre duperie, et diminuent la part afférente à chaque actionnaire sérieux.

Nous ne dirons donc pas; *plus d'actions industrielles* dans les sociétés en commandite, mais *plus d'actions industrielles* qui marchent de pair avec celles de capital, plus d'abus d'un principe équitable et vrai, qu'il faut ramener à son exécution sincère. Rien de plus juste que le fondateur d'une société vienne au partage des bénéfices nets; mais qu'il ne puisse rien gagner, si ses co-associés perdent, voilà tout le problème, et la solution est facile.

La loi devra interdire de délivrer en échange d'un apport immatériel des actions qui donneraient un autre droit, que celui de venir au partage des bénéfices nets, (les intérêts des versemens réels une fois payés), et au partage de *l'excédant* que présentera le fonds social, au moment de la liquidation.

Quant à l'évaluation des apports en nature, quand ils doivent concourir avec des apports en argent, elle sera contrôlée, ainsi que nous l'avons dit, par l'assemblée générale des actionnaires, et les propriétaires obtiendront en échange des *actions de capital.*

Nous touchons en ce moment à la plus grande difficulté du système des sociétés en commandite. Comment empêcher que l'insouciance ou l'ignorance des commanditaires ne laisse démesurément enfler cette évaluation? comment empêcher que les fondateurs des sociétés ne réalisent immédiatement les valeurs qui leur sont attribuées, et ne deviennent ainsi étrangers aux chances de l'avenir?

Les propriétaires des *apports*, quels qu'ils soient, *gérans* ou simples *commanditaires*, font espérer à la société un profit réel de l'acquisition qu'ils lui imposent, eh bien! il faut que les faits vérifient leurs assertions; il faut que l'entreprise produise des bénéfices régulièrement constatés par deux inventaires successifs, avant qu'il leur soit permis de la déserter.

Si le succès justifie l'entreprise, si les actionnaires sérieux, retirent un profit réel, indépendant de l'intérêt ordinaire de leur argent, ils n'ont plus droit de se plaindre de l'exagération de l'apport, ni du partage qu'ils sont obligés de subir. L'expérience a été la pierre-de-touche de la valeur intime des objets mis en société. Jusque-là les actions qui les représentent seront immobilisées entre les mains des ayant-droits; il ne pourront les céder qu'après cette épreuve décisive.

Les gérans, privés de tout gain illicite, ne pourront tirer profit que du succès de l'entreprise, auquel ils seront forcément intéressés, identifiés. Si *l'apport* a été tellement exagéré que les bénéfices deviennent improbables, impossibles, les actions usurpées seront toujours une valeur morte entre les mains de leurs détenteurs; la peine suivra virtuellement le délit.

C'est pour cette raison, qu'en discutant la question des *actions au porteur* nous avons cru devoir la diviser. Si nous avons démontré que ces actions ne présentent que des avantages et qu'elles ne présentent aucun inconvénient, c'est que nous entendions parler des commanditaires qui les obtiennent contre leur versement en numéraire. La difficulté se complique quand il s'agit des *actions de capital* ou des *actions industrielles*, délivrées en échange d'un apport matériel ou immatériel; celles-là doivent être *nominatives* pour conserver toujours la trace de leur origine, ou bien il faut ne permettre de les détacher de la souche, qu'au moment où, par suite des bénéfices faits par la société, elles auront acquis le droit de circuler librement.

Cette restriction n'a rien qui doive surprendre, elle est aussi juste qu'efficace; elle impose le frein le plus puissant aux opérations frauduleuses, et les rend désormais impossibles. Quel intérêt aurait-on à se faire délivrer un nombre démesuré d'actions, si on ne pouvait point les réaliser aussitôt, et ne deviendrait-on pas moins avide dans ses prétentions, si l'exagération de valeur attribuée aux objets mis en société, reculait par elle-même le moment où l'affaire produisant des bénéfices, on pourrait faire usage de ces ressources.

On avait proposé d'étendre la prohibition de cession à *toutes les actions*, tant qu'elles ne produiraient pas de dividende. Cette mesure rigoureuse éloignerait les capitalistes; mais, renfermée dans de justes limites, mais appliquée uniquement aux *auteurs* de l'entreprise, elle n'a rien que d'utile et de convenable. S'ils sont de bonne foi, ils croient aux bénéfices qu'ils font espérer, et réunissant les élémens propres à assurer le succès, ils attendront patiemment la réalisation de leurs projets. S'ils sont de mauvaise foi, s'ils veulent attirer les actionnaires au moyen d'espérances chimériques, ils ne pourront plus y réussir, ils seront condamnés à l'impuissance de faire le mal. Cela vaut mieux que d'avoir recours à l'application de la loi pénale; et comment repousserait-on une loi qui, sans gêner en rien les transactions du commerce loyal et sincère, prévient le mal, au lieu d'être forcée à le réprimer?

Loin que notre demande soit exorbitante, elle contient au contraire un tempérament des principes fondamentaux, tels qu'ils devraient être appliqués dans leur rigueur native; mais nous pensons que cette seule disposition suffit, pour faire atteindre le but de la loi.

D'après les règles de la commandite ordinaire, les associés en nom collectif appellent à leur aide des capitaux étrangers, mais ils forment toujours par eux-mêmes le noyau de l'entreprise. L'argent des commanditaires vient s'adjoindre à l'exploitation commune, il la féconde, mais ne la remplace pas. C'est un accessoire dont s'accroît le *principal*, toujours existant. Les gérans ne peuvent rien retirer de l'association, leur mise y est immobilisée tant que dure la société.

En appliquant ces règles incontestables à la société en commandite par actions, nous en viendrions à cette conclusion rigoureuse, mais logique, que le capital de *la commandite* peut seul être divisé en actions, et que la part prise dans l'affaire par les associés en nom collectif, forme un seul tout, une masse compacte, indivisible, inaliénable, qu'ils doivent religieusement conserver jusqu'à la fin de la société.

Aussi M. Persil propose-t-il de modifier l'art. 38 en ce sens :

« Le capital de *la commandite* pourra seul être divisé en actions. »

De cette manière l'associé solidaire ne saurait jamais éviter le contre-coup de la ruine de la société. Si pour inspirer de la confiance il prend part à l'entreprise pour une certaine portion, il devra toujours la conserver, et la perdre, si l'affaire périt. La déviation la plus notable aux règles de la commandite ordinaire, consiste justement dans la facilité que donnent aujourd'hui les sociétés par actions, de changer un intérêt direct, permanent, pris par l'associé solidaire, en une responsabilité purement nominale, car elle n'est que *subsidiaire*. Du moment que le gérant est parvenu à céder ses actions, tout le risque se concentre sur le capital fourni par les commanditaires ; tant qu'il reste une parcelle du fonds social, aucune perte ne peut plus atteindre le chef de la société, qui n'a garde de continuer l'exploitation quand la caisse sociale est épuisée.

Pour prévenir cette espèce de fraude, le remède proposé par M. Persil serait sans doute d'une grande efficacité ; mais nous craindrions qu'il ne dépassât le but, et c'est pour cela que nous en avons tempéré la rigueur. En permettant la cession des actions attribuées en échange d'un apport quelconque, du moment où l'entreprise a deux années de suite produit des bénéfices, il nous semble que tous les intérêts se trouvent suffisamment garantis. On ne déserte qu'un mauvais placement ; un placement profitable retient les détenteurs d'actions.

D'ailleurs l'*apport* peut être fait par un *commanditaire* ; il le serait même toujours ainsi en présence d'une loi trop sévère, dont on éluderait les dispositions. L'innovation que nous proposons, moins rigoureuse en apparence, serait donc d'une efficacité plus générale.

Notre honorable confrère, M. Paillard de Villeneuve, dans des articles remarquables, publiés par la *Gazette des Tribunaux*, a proposé de fixer un rapport nécessaire entre la portion collective et la portion commanditaire, et d'astreindre les gérans à souscrire, par exemple, pour le cinquième du fonds social. Peut-être cette obligation élèverait-elle une barrière infranchissable à bien des entreprises loyales et utiles, dont les fondateurs ne seraient pas assez fortunés pour y satisfaire. En empêchant les meneurs *anonymes* de réaliser des profits illicites, au moyen d'une vente frauduleuse, nous serons délivrés par contre-coup des gérans, *hommes de paille*. La direction de la société deviendra sérieuse et éclairée, du moment qu'elle sera la seule et unique source des bénéfices possibles.

Nous n'entendons pas frapper d'une inaliénabilité absolue les actions que les gérans pourront souscrire, mais nous étendons à ces titres la prohibition de cession, tant que deux années de suite, la société n'aura pas produit de bénéfices; elles devront donc aussi être nominatives, ou rester jusque-là attachées à la souche.

En prenant des actions, les associés en nom collectif témoignent de leur confiance dans l'affaire, et la quotité de leur intérêt sert en quelque sorte de thermomètre à ceux qui désirent se joindre à eux. Il faut que l'obligation qu'ils contractent soit une obligation réelle, permanente, et non une espèce d'amorce perfide; privés du moyen de céder leurs actions à des tiers, avant que le but de la société ne soit atteint, avant qu'elle ne produise des bénéfices assurés, ils s'identifieront nécessairement aux chances bonnes ou mauvaises de l'entreprise, et leur foi pourra être suivie sans crainte.

Pour nous résumer, l'évaluation de l'*apport* contrôlée d'abord par les actionnaires réunis en assemblée générale, ne donnerait droit qu'à des actions *incessibles*, tant que la société n'aurait pas bénéficié deux années de suite; *actions de capital*, si l'apport a une valeur vénale; *actions d'industrie* dans l'acception rigoureuse du mot et avec les limitations adoptées dans les sociétés anonymes, si l'apport n'est que purement immatériel et ne possède qu'une valeur d'opinion.

Cette prohibition *temporaire* de cession s'étendrait aussi aux actions souscrites par les gérans; ceux-ci, étant forcément intéressés au succès de l'entreprise, c'est de la prospérité de l'affaire que dépendrait tout leur bénéfice. Le traitement de gérance seul ne saurait être assez élevé, pour qu'on se décidât à courir les risques de la création d'une société, dans le but unique de le percevoir pendant quelques années. Les dépenses premières retombant naturellement sur les auteurs du projet, *si ce projet* ne parvient point à être exécuté, les *fondateurs* seraient plus modérés dans leurs prétentions; la perspective de l'examen des statuts fait par l'assemblée générale des commanditaires les rendrait prudens et réservés, et ne leur ferait mettre en avant que des entreprises vraiment loyales et utiles.

Comme la ruse est habile à se déguiser, la loi devra prohiber tout prélèvement sur le fonds social, à quelque titre que ce soit; il ne faut pas que les dépenses de fondation et de propagation puissent être soumissionnées *à forfait*; les commissaires de la commandite les vérifieront soigneusement.

Mais pour que la règle que nous venons de tracer reçoive une exécution sincère et complète, il faut que le moment où la société entre en bénéfices, soit rigoureusement déterminé. Aussi devons-nous examiner *quand et comment il y aura lieu au paiement des intérêts et dividendes.*

§ V. *Répartition de bénéfices. — Rapport de dividendes.*

La passion des jouissances promptes est le signe caractéristique de notre époque; les forbans de l'industrie ont bientôt compris qu'il ne leur fallait que toucher cette corde qu'il est si facile de faire vibrer, pour assurer, non le succès de l'entreprise dont ils ne s'occupent guère, mais le placement rapide des actions, le seul but auquel ils aspirent. Aussi n'est-il sorte de ruse qu'ils aient négligée, pour attirer le public actionnaire. *Dividendes anticipés, garantie contre toute perte, quand même! bénéfices gigantesques, primes séduisantes, remboursement du capital des actions assuré;* rien n'a été épargné et l'on a pu voir l'année dernière briller en lettres majuscules dans tous les journaux, l'annonce d'une société dont les actions émises à 1000 francs devaient valoir 60,000 francs le mois suivant et rapporter chacune 3000 francs de revenu annuel!

Nous croyons ne pas devoir insister sur ces manœuvres grossières, dont la police correctionnelle aurait dû depuis long-temps faire justice et qui vicient radicalement les actes de société ainsi formulés. Il est de règle élémentaire que l'associé ne peut retirer aucune partie de sa

mise sociale avant la dissolution de la société. La violation manifeste de ce principe ressort de toutes ces clauses
frauduleuses, qui ébrèchent le capital social, et sous prétexte d'un bénéfice imaginaire, sont évidemment, pour nous
servir d'une expression énergique dans sa vulgarité, *payer
la main droite par la main gauche*. Et combien ce déplace-
improductif et fatal du fonds commun, n'a-t-il pas fait de
dupes, tout en amenant virtuellement la ruine des sociétés
ainsi administrées !

Une stipulation non moins vicieuse en réalité, bien
qu'elle soit en quelque sorte universelle, est celle qui pres-
crit le paiement régulier des intérêts des actions, alors que
les produits nets de la société n'autorisent pas une pareille
distribution. L'administration elle même a toléré une clause
aussi périlleuse et qui n'est au fond qu'une véritable su-
percherie. Il est des sociétés anonymes, *autorisées* par le
conseil-d'état et dont les actions donnent constamment
droit aux intérêts, quand même on serait réduit à les prélever sur le fonds social. Certes ce n'est pas là un des titres
que le ministère viendra invoquer, pour justifier la demande
qu'il fait de soumettre toutes les associations par actions
au contrôle du pouvoir !

Les actionnaires n'ont droit qu'au partage des bénéfices nets ; mais quand il n'y a pas de profits, prendre sur le
capital pour servir un intérêt quelconque, c'est tromper tout
le monde : l'actionnaire, en lui laissant croire que sa mise a
gagné 4, 5 ou 6 pour %, d'intérêt ; le public, en annonçant
une prospérité factice, que l'épuisement des ressources
sociales ne tarde souvent pas à démentir (1).

L'associé n'est pas un prêteur ; il n'a aucun droit aux intérêts ; loin de là, les chances de bénéfice qui lui appartiennent, remplacent le revenu régulier du capital (2).

(1) *Voy.* Vincens, *loc. cit.*, p. 40.

(2) Le droit Prussien exprime formellement cette vérité dans la définition qu'il donne de la commandite.

« On nomme associé en commandite (porte le § 652, tit. VIII, deuxième

Aussi approuvons-nous sans réserve le premier alinéa de l'article 4 du projet qui porte :

« Aucune répartition ne pourra être faite aux actionnaires sous quelque dénomination que ce soit, que sur les bénéfices nets constatés par les inventaires, qui auront été dressés par les administrateurs et vérifiés dans la forme déterminée par l'acte de société. »

Cette disposition implique le droit qu'ont les commanditaires de retirer les bénéfices régulièrement constatés.

En appliquant rigoureusement le principe que *l'accessoire suit le sort du principal*, certains jurisconsultes ont prétendu que le commanditaire ne saurait rien percevoir qu'en fin de société. La jurisprudence n'est pas fixée sur cette grave question, et il est bon que la loi s'explique clairement.

Bien que les statuts des marchands de Sienne, rangent sur la même ligne le *capital* et *les fruits acquis*, il ne paraît pas que la coutume commerciale soit jamais restée fidèle à cette règle.

Le commanditaire, dit M. Frémery, n'est associé que dans la limite de sa mise. Cette quantité représente donc sa personne, c'est cette part qui doit les dettes, ce n'est pas lui. Hors cette mise, il n'est plus associé ; donc tout ce qui dans la société n'est pas sa mise et cependant lui ap-

partie) celui qui a confié un certain capital à une société, en stipulant qu'*au lieu de percevoir des intérêts*, il prendrait une part proportionnelle aux profits et aux pertes. » Aux termes du § 652, si le nom de cet associé ne fait pas partie de la raison sociale, et s'il ne s'est pas fait connaître publiquement comme tel, il ne répond des engagemens de la société que jusqu'à concurrence de sa mise.

Le Code civil de l'empire d'Autriche contient une disposition analogue dans son article 1204, conçu en ces termes :

« Les associés *anonymes* d'une société de commerce, c'est-à-dire ceux qui lui ont fourni une partie des fonds, *pour participer aux profits ou aux pertes*, mais qui n'ont pas été proclamés comme associés, ne sont en aucun cas responsables au-delà du montant de leur mise. Les associés apparens sont responsables des pertes sur toute leur fortune. »

partient, est une dette de la société envers lui. Conséquemment quand les bénéfices réalisés excèdent sa mise, il est créancier de cet excédant (1).

Mais, si le droit des associés nous paraît constant quant au retrait des bénéfices, il faut que ces bénéfices soient rigoureusement constatés, sans quoi le capital social se trouverait entamé, et les tiers seraient fondés à se pourvoir en restitution des intérêts et dividendes illégalement distribués.

Le gouvernement propose de déclarer sujette à rapport toute répartition faite en dehors des inventaires réguliers. Cette disposition nous semble impraticable; les personnes qui ont pris part à une distribution illicite, ont pu céder leurs actions; soumettre leurs cessionnaires à une responsabilité pareille, c'est entraver la circulation des *parts sociales* et éveiller une défiance constante et légitime. Le grand nombre des intéressés ferait monter les frais à des sommes énormes, et en tout cas, si cette recherche est difficile à l'égard des actions *nominatives*, elle devient impossible à l'égard des actions au porteur. La crainte permanente d'être soumis à *rapporter* une somme indéterminée, indisposera des acquéreurs qui ne sont pas toujours à même de vérifier si des répartitions *illégales* n'ont pas eu lieu; par une conséquence directe, le cours des actions se dépréciera. Pour courir la chance incertaine d'une *sanction* problématique, on s'expose ainsi à un inconvénient réel et d'une haute gravité.

(1) Les codes prussien et autrichien se sont explicitement prononcés dans ce sens.

L'art. 1199 du Code civil autrichien porte :

« On ne peut réclamer le compte final et la répartition des bénéfices on des pertes avant l'achèvement de l'affaire. Mais quand il s'agit d'affaires qui durent plusieurs années et qui doivent donner un profit annuel, les associés peuvent demander tous les ans, non seulement des comptes, mais encore le partage des bénéfices, si d'ailleurs l'affaire principale n'a pas à en souffrir. »

Le code prussien (deuxième partie, titre VIII, § 642) confirme cette disposition.

« Les gérans, les administrateurs sont en faute, c'est contre eux seuls que la poursuite doit être dirigée, sauf leur recours personnel contre ceux qui ont profité de la distribution illicite.

« Ce n'est pas chose facile que de déterminer si la répartition des bénéfices a été faite, à tort ou à raison, alors même qu'un inventaire a été dressé. On conçoit à merveille combien les estimations peuvent être sujettes à conteste, et quelle large part il faut laisser, en cas de débats judiciaires, à l'appréciation des tribunaux. Le code Prussien contient à cet égard des règles qu'il serait utile de transporter dans la loi nouvelle.

« Aux termes du § 644 (deuxième partie, titre VIII) les provisions en matériaux et marchandises ne doivent jamais être portées en ligne de compte, au dessus du prix d'entrée, et si une baisse a eu lieu sur ces objets, une défalcation proportionnelle est prescrite formellement.

« Le § 645 ajoute que le prix des marchandises sujettes à déchet par leur séjour en magasin doit être convenablement diminué, aussi bien que celui des objets qui s'usent par l'emploi qu'on en fait. On doit déduire des créances d'un recouvrement trop difficile, et ne porter les créances douteuses que pour une partie de leur montant.

« D'un autre côté, et à la décharge des gérans, il ne faut pas non plus négliger les événemens imprévus qui, depuis la confection des inventaires, ont pu entraîner des pertes pour la société.

Un *fonds de réserve*, convenablement alimenté par un prélèvement constant sur les bénéfices, servira de contre-poids aux répartitions hasardées.

Mais, dans le système de la loi future, tel que nous le concevons, la confection régulière des inventaires annuels acquiert une importance bien plus grande encore.

Ce n'est, en effet, qu'après deux années de bénéfices, que les actions délivrées contre l'*apport* fait à la société et les actions souscrites par les gérans, pourraient être mises en circulation.

Il faut donc qu'un frein puissant empêche les chefs de la société d'enfler à dessein l'actif et de dissimuler le passif.

La crainte de donner, avant le temps, ouverture à une faculté aussi large que celle qu'acquerraient les porteurs d'actions jusque-là inaliénables, contre-balancera, dans l'esprit du *Conseil de surveillance* et dans celui de la société, le désir de toucher au plus vite le *revenu* attendu avec impatience.

D'un autre côté, la responsabilité des gérans doit être nettement définie, et la loi doit être assez précise pour qu'ils ne puissent jamais y échapper.

Dans la rigueur du droit, la faute même *légère*, c'est-à-dire celle que n'eût pas commise un père de famille diligent, devrait donner ouverture à la responsabilité des gérans, *mandataires salariés*.

Le projet déclare les administrateurs responsables, solidairement et par corps, de toute répartition faite sans inventaire préalable, ou en dehors des inventaires, ou en vertu d'inventaires dans l'établissement desquels ils seraient coupables de *dol* ou de *faute grave*.

Cette dernière disposition a seule soulevé des critiques, qui nous paraissent peu fondées. On s'est récrié contre cette rigueur, on a prétendu qu'il serait impossible de trouver des administrateurs qui voulussent encourir une responsabilité aussi menaçante.

La confection d'un inventaire est chose grave, qui réclame et mérite une attention extrême; quand la loi affranchit le *gérant* de tout recours pour la *faute légère*, elle fait déjà beaucoup pour lui; elle restreint, plutôt qu'elle n'étend la responsabilité, quand elle y donne cours en cas de *dol* ou de *faute grave*.

Cette terminologie légale a peut-être seule effrayé des

hommes peu versés dans les matières judiciaires; ils n'auraient sans doute pas manifesté la même réprobation, s'ils s'étaient souvenus que la loi romaine, dans laquelle, à défaut de définition du Code, nous devons rechercher la définition de la faute *grave*, l'assimile au dol. L'intention seule l'en sépare; cette faute consiste à ne point voir et prévenir, ce que tout autre individu aurait vu et prévenu, *non intelligere, quod omnes intelligunt*; elle suppose la connaissance du danger, et la négligence des soins qui le préviendraient aisément; elle dénote une complète insouciance des intérêts d'autrui (1).

Quand on se pénètre de ces vérités, loin de trouver la proposition du gouvernement trop sévère, on pourrait craindre qu'elle ne laissât encore un champ trop libre aux abus. Mais le contrôle exact du *comité de surveillance*, auquel les inventaires devront être soumis avec les pièces à l'appui, préviendra suffisamment ce danger.

Ainsi, sauf le second alinéa qui déclare sujette à rapport toute répartition *faite en dehors* des inventaires, nous adoptons pleinement les dispositions de l'article 4 du projet. Et encore, l'exception que nous repoussons, non en principe, mais à cause des difficultés d'application, est-elle restreinte à un cas qui ne pourra se présenter que fort rarement.

Nous ne saurions approuver également les dispositions de l'article 3, qui répond à cette question : *Le paiement des actions par fractions sera-t-il toléré, et faudra-t-il imposer des garanties pour l'acquittement de la totalité ?*

§ VI. *Obligations des actionnaires.*

La principale obligation contractée par les actionnaires est de fournir exactement le montant de leur souscription.

(1) *Voyez* le beau travail de M. Alban d'Hauthuille sur la *prescription des fautes*. Revue de législation et de jurisprudence, tom. II, p. 269-342.

Si le versement de tout le capital social n'est pas garanti, il y a danger que l'entreprise ne s'arrête; d'un autre côté, dans les travaux de longue haleine, l'appel des diverses fractions de l'action n'a lieu que successivement. Payées entièrement d'avance, les sommes qui en résulteraient seraient plutôt un embarras qu'un avantage pour la société. En outre, cette faculté de disposer du titre de l'action, moyennant un premier versement du cinquième, du quart, attire les spéculateurs, qui, peu soucieux de la réussite de l'entreprise, ne songent qu'à établir un jeu ruineux sur ces valeurs qui se prêtent si facilement à l'agiotage.

On se trouve placé entre deux écueils; on risque ou d'éloigner les grands capitalistes, dont le concours est si nécessaire dans les entreprises considérables; ou de compromettre l'existence même de l'affaire en n'assurant point la totalité du versement.

Il ne suffit pas que l'actionnaire perde son droit au titre en ne complétant pas la mise; dans des momens critiques, à une époque de panique, cette garantie ne suffirait pas; les actions seraient désertées et l'exploitation la plus fructueuse pourrait être compromise sans retour.

La véritable manière de résoudre cette difficulté, c'est, pensons-nous, d'éviter les extrêmes.

La garantie indéfinie pourrait être une entrave insurmontable, comme le défaut absolu de garantie serait capable de faire avorter l'opération.

Il nous paraîtrait donc convenable, d'astreindre les souscripteurs à fournir caution en rentes sur l'état, ou de toute autre manière que l'on jugerait suffisamment assurée, toujours pour une fraction de versement à l'avance. En cas de cession de l'action, cette caution subsisterait, tant que le nouvel acquéreur ne l'aurait pas convenablement remplacée.

De cette manière, les divers intérêts se trouveront conciliés; à une pareille condition les bonnes entreprises rencontreront aisément des souscripteurs, et si les mauvaises avortent, l'industrie devra s'en féliciter.

L'agiotage improductif, cette cause incessante de ruine et de désordre, sera gêné sans doute, mais la circulation sincère des actions n'en souffrira pas.

Le projet de loi établit une grande différence entre les actions nominatives et les actions au porteur. Il admet pour les premières une variété indéfinie de combinaisons de l'acte social, quant aux obligations du souscripteur primitif et de cessionnaires successifs; il exige pour les secondes que le montant total soit versé ou bien garanti par celui auquel la société les délivrera.

Cette distinction ne saurait se justifier; le détenteur d'une action nominative désire avant tout, aussi bien que celui d'une action au porteur, être délivré de tout recours du moment où il aura opéré la cession. Qu'on ne dise donc pas que pour l'un il sera facile de remonter à une responsabilité réelle, au moyen des endossemens successifs, tandis que ce sera impossible pour l'autre. Leur intérêt est pareil, leur situation intime est la même; toute délimitation serait donc inutile et nuisible.

En tout cas, l'on exige beaucoup trop du souscripteur d'un titre au porteur, et la garantie, restreinte au premier versement futur, suffit assurément.

CONCLUSION.

Avant de terminer ces observations nous devons exprimer notre assentiment à l'égard de l'annulation de l'*arbitrage forcé*, qui est le mode le plus vicieux de rendre la justice, et que compliquent surtout, dans les débats entre de nombreux associés, des difficultés presque insurmontables.

Les dispositions de l'art. 5 semblent aussi convenablement conçues pour débrouiller ce chaos indéchiffrable de procédures, auquel aboutissent aujourd'hui presque toutes les instances engagées en matière de société.

Comme nous l'avons dit en commençant, les dispositions secondaires du projet portent presque toutes le cachet des esprits éclairés, des hommes pleins de savoir et d'expérience qui ont présidé à sa rédaction. Nous ne pouvons qu'exprimer encore une fois un vif regret de ce qu'ils aient cru devoir abandonner à l'incertitude de l'arbitraire toutes les bases fondamentales d'une loi aussi importante. L'œuvre était belle pourtant, elle avait de quoi tenter des intelligences élevées !

La réprobation unanime avec laquelle a été accueillie l'idée de la suppression pure et simple de l'art. 38 du Code de commerce, a fait sévère justice de ce projet, que nous persistons à regarder plutôt comme un *expédient*, que comme une proposition sérieuse.

Nous ne cherchons point à nous faire illusion sur la nature du mal que le gouvernement, dans sa juste sollicitude, prétend extirper; mais si nous ne méconnaissons pas les dangers réels, nous n'avons garde aussi de les exagérer, et surtout nous ne sommes pas assez ingrats pour oublier les immenses services que l'association libre a déjà rendus.

Des abus ont eu lieu, mais l'éducation industrielle du pays date à peine d'hier ; elle marche à pas de géant. Il ne faut que venir en aide à ce progrès évident, en ramenant à exécution l'esprit réel de la loi, faussé, méconnu, violé.

Le projet de loi frappe à faux, en supprimant la commandite par action, pour tout étreindre dans les liens de la société *anonyme*. Il veut détruire le commerce des actions, au profit du commerce véritable; mais les titres des entreprises autorisées prêtent autant, si ce n'est plus, au jeu effréné de l'agiotage, que les titres des entreprises libres. L'*autorisation* peut seulement empêcher de battre monnaie avec des valeurs fictives, imaginaires, mais les moyens que nous avons proposés, permettent d'atteindre le même but, avec bien plus de certitude.

La société *anonyme*, marquée aux yeux du commerce de la tâche originelle de l'intervention du pouvoir, présente en elle-même moins de garanties, que la commandite par actions; car elle n'a pas de gérans solidairement responsables, *gérans* qui cesseront d'être hommes de paille sous l'empire d'une loi convenablement réformée.

La société *anonyme* fait violence à l'esprit, aux habitudes, aux tendances du commerce. La création en est exposée à des soupçons, plus ou moins fondés, de partialité, et le pouvoir absolu de réglementer, de régir, de classer l'industrie, pourrait devenir entre les mains de l'autorité, une arme aussi dangereuse que cruelle.

Nous ne comprenons pas que, l'idée du contrôle préventif dominant l'esprit du législateur, il ne se soit pas au moins décidé à confier ces redoutables attributions, à une magistrature éclairée, élective, possédant la confiance publique, aux Chambres de commerce, ou aux juges consulaires, comme l'a fait le nouveau Code de commerce espagnol (1).

Le travail auquel nous nous sommes livré a été trop rapide pour que nous prétendions le présenter autrement que comme un essai nécessairement incomplet. Heureux

(1) Art. 293. « En ce qui concerne particulièrement les sociétés anonymes, les actes de création et tous les actes faits pour leur administration et leur gestion, doivent être soumis à l'examen du tribunal de commerce, dans le territoire duquel elles s'établissent, et ils ne peuvent avoir d'effet s'ils ne sont approuvés par ce tribunal. »

Ce n'est que dans des cas exceptionnels que ces associations sont soumises à l'autorisation royale.

Art. 294. « Lorsque les sociétés anonymes jouissent de quelques privilèges concédés par Moi pour les protéger, elles soumettront leurs réglemens à mon approbation souveraine. »

La société en *commandite par actions* est entièrement libre.

Art. 275. « On peut diviser en actions le capital des sociétés en commandite, et subdiviser les actions en coupons sans que pour cela la société cesse d'être soumise aux règles établies pour cette espèce d'association. »

cependant si dans les idées qu'il résume, ontrouvait le germe d'un système d'organisation convenabe !

Nous avons cherché à concilier, dans les commandites en actions, la plus grande liberté d'allures, avec les garanties les plus sévères, les plus efficaces.

Pénétré de cette grande vérité, que les tiers, les créanciers n'ont eu nullement à se plaindre des abus signalés jusqu'aujourd'hui, que les associés commanditaires ont été les seules victimes de ces déprédations, nous avons cherché à explorer la question véritable, en dissipant les vains fantômes qu'une législation irréfléchie a fait surgir comme autant d'obstacles à une amélioration radicale.

C'est ainsi que nous nous sommes attaché à démontrer combien les prohibitions contenues dans les art. 27 et 28 du Code de commerce, étaient, dans leur généralité, contraires à la *coutume commerciale*, cette source unique et féconde à laquelle on doit recourir sans cesse, et combien ils entraînaient de funestes résultats. Ces articles s'opposent seules à l'émancipation des actionnaires, l'entrave une fois tombée, l'on est naturellement amené à reconnaître les droits de l'assemblée générale des commanditaires sur la chose commune.

Par un développement naturel de l'association, le *principal*, qui est la partie collective, est devenu l'accessoire dans la société *libre* par actions, et l'accessoire, qui est la *commandite*, est devenu le principal. Il a donc fallu dévier quelque peu des règles de la société en commandite pure, il a fallu donner aux associés des pouvoirs plus étendus, les autoriser à prendre des délibérations, et à réviser les statuts, à dissoudre la société, et même à changer les gérans.

D'un autre côté, le commandité seul, sans discussion, sans contrôle, sans contradicteurs, rédigeait l'acte social comme bon lui semblait, stipulait tels avantages qu'il lui plaisait de fixer, estimait à sa guise l'*apport*, tant matériel qu'immatériel, prélevait en échange des actions qu'il s'em-

pressait de réaliser, consommant ainsi une vente frauduleuse, tout en prétendant fonder une société ; appelant à
lui non des associés, mais de complaisans acheteurs.

Afin de ramener les choses à leur cours naturel, il nous
a paru que, pour procéder à la constitution définitive de la
société, les commanditaires devaient être réunis en assemblée générale, et là, débattre avec le gérant les stipulations
du pacte social.

En outre, pour couper le mal dans sa racine, pour empêcher d'infâmes déceptions et pour ôter à l'agiotage sa plus
abondante pâture, nous avons demandé :

*1° Que les actions délivrées en échange des apports im-
matériels, fussent des actions industrielles proprement
dites, n'ayant droit qu'au partage des bénéfices nets, les
intérêts des actions de capital une fois payés, et en cas de
liquidation, à une portion proportionnelle dans l'excédant que présentera l'actif social, sur la valeur du fonds
réalisé.*

*2° Que les actions de capital délivrées en échange de
l'apport vénal et celles souscrites par les gérans, fussent
nominatives et que leur cession fût interdite avant que
deux inventaires successifs n'eussent donné la preuve que
l'entreprise produisait des bénéfices réels.*

L'immobilisation complète de ces valeurs, en souvenir
de la part des associés en nom collectif, dans la société en
commandite pure, nous a paru trop sévère et de nature à
gêner les transactions. La prohibition que nous y substi-
tuons, à la fois simple et rationnelle, mène droit au but ;
elle identifie les gérans au succès de l'entreprise sans imposer
aucune condition vraiment onéreuse. L'inaliénabilité temporaire des actions spécifiées, résulte de leur essence ; si
l'apport a sa valeur réelle, si l'entreprise est viable et soigneusement dirigée, la puissance fécondante des capitaux
ne tardera pas à faire éclore un revenu sérieux.

Si l'on adoptait la base que nous indiquons, les bénéfices

illicites deviendraient impossibles : car ou l'affaire produit de bons résultats et cela prouve que ses bases se trouvaient régulièrement fixées ; ou elle languit, et avorte, et alors les fondateurs, les propriétaires des apports n'ont entre leurs mains que des valeurs stériles. Du moment que la fraude et l'insatiable soif d'un gain prompt et facile manqueront d'aliment, la *mauvaise industrie* disparaîtra d'elle-même.

Mais, dira-t-on peut-être, si l'apport a été exagéré, les actions qui le représentent, immobilisées pendant toute la durée d'une mauvaise entreprise, réclameront, au moment de la liquidation, un dividende plus fort que celui qui devrait leur revenir. Il est facile d'enlever à la fraude ce dernier refuge, en admettant, uniquement dans le cas de *dissolution anticipée* et de *liquidation en perte*, un principe analogue à celui qui régit les assurances. Quand l'évaluation des objets sujets au *sinistre* a été exagérée à dessein, le contrat d'assurance est nul à l'égard de l'assuré ; le contrat de société devrait aussi être annulé à l'égard de l'associé qui a estimé son *apport* beaucoup au dessus de sa valeur réelle, et il ne serait pas ici plus difficile de remonter à la preuve, que d'interroger les cendres d'un édifice ou les débris du naufrage.

En limitant la *demande en annullation* au cas où l'affaire périclite, nous croyons mettre obstacle à d'avides chicanes et rester dans le vrai. Quand le succès justifie l'entreprise, quand les actionnaires, loin d'y perdre, en retirent des bénéfices, ils seraient mal venus de critiquer les *données exagérées* de l'exploitation ; le préjudice souffert peut seul servir de mesure à l'action (1).

(1) Il est cependant des bornes que l'on ne saurait franchir sans commettre un *délit*.

Le but de ce travail a été d'élaborer un système d'*organisation*, sans invoquer l'appui de la loi pénale ; de prévenir la fraude, au lieu d'indiquer les moyens de la réprimer. Mais nous sommes loin de renoncer, d'une manière absolue, aux poursuites criminelles à exercer vis-à-vis des gé-

Nous avons dit que les actions des gérans et les actions délivrées en échange des apports devaient être *nominatives ;* et nous admettons sans difficulté les *actions au porteur,* délivrées en échange des versemens des commanditaires. Nous croyons avoir réussi à réfuter toutes les objections élevées contre cette espèce de titres, qui est douée d'une si merveilleuse facilité de circulation ; et qui ne présente aucun embarras sérieux dans la pratique.

Quant aux dispositions secondaires, qui s'appliquent aussi bien à la société anonyme qu'à la société en commandite, nous nous sommes prononcés pour la plupart des dispositions du projet de loi présenté à la chambre. Différant en partie d'opinion sur la mesure de la garantie des souscriptions d'actions, nous avons fortement appuyé l'art. 4 du projet, qui peut seul couvrir le fonds social contre toute atteinte, et certifier la sincérité des inventaires annuels, sorte de liquidations provisoires de la société.

En mettant en œuvre le système que nous venons d'indiquer, et que nous croyons d'une exécution facile, on ferait cesser le scandale des spéculations illusoires, fondées sur des données mensongères, sans restreindre la liberté commerciale et les spéculations utiles.

rans prévaricateurs ; seulement il ne faudrait, à notre sens, y avoir recours qu'à la dernière extrémité.

La loi pénale doit prêter une *sanction* puissante aux règles prescrites ; elle doit aussi quand la mauvaise foi est parvenue à les éluder audacieusement, servir de refuge au droit méconnu et violé.

Aussi, loin de limiter l'application du Code pénal actuel, nous jugerions nécessaire d'en compléter, d'en étendre les dispositions.

Il faut que tout gérant, qui aura fait, ou, par une collusion coupable permis de faire un *apport* matériel, pour plus du double de sa valeur réelle, soit déclaré *coupable d'escroquerie,* ainsi que le propriétaire de l'*apport,* poursuivi comme complice du délit.

Il faut que tout gérant qui aura sciemment violé les statuts, ou agi à l'encontre de la volonté de ses co-associés régulièrement exprimée, soit déclaré coupable d'*abus de confiance.*

EXPOSÉ DES MOTIFS

DU PROJET DE LOI SUR LES SOCIÉTÉS PAR ACTIONS,

Lu à la Chambre des Députés par M. BARTHE, *ministre de la justice,*
dans la séance du 15 février 1838.

———

Il est des entreprises pour lesquelles les efforts individuels ne peuvent rien, et que l'on ne saurait tenter sans la réunion de plusieurs intelligences et surtout de nombreux capitaux. La puissance de l'association, en fait d'industrie et de grandes créations, est prouvée par l'expérience. C'est une source de fécondité qu'il importe de ne pas laisser tarir.

Le public, témoin des succès des sociétés loyalement fondées, sagement et fidèlement administrées, a été témoin aussi des abus et des déceptions de beaucoup d'autres sociétés qui n'ont été imaginées que comme moyen de battre monnaie au profit de quelques hardis spéculateurs. Il s'en est justement ému. Le gouvernement a jugé ces abus assez graves pour qu'il cherchât à en arrêter le cours. Il vient aujourd'hui accomplir la promesse qu'il a faite au commencement de la session.

Rendons-nous compte de la pensée du législateur, du sens véritable de la loi commerciale et des efforts que l'on a faits avec tant de succès pour se soustraire à son application, sous le prétexte d'une liberté qu'elle n'a point consacrée et qu'elle ne pouvait consacrer sans danger. Nous chercherons ensuite le remède qu'il s'agit d'opposer à un mal toujours croissant.

Le Code de commerce reconnaît trois espèces de sociétés commerciales, que nous appellerons *permanentes*, pour exclure d'un mot ces associations temporaires, momentanées, dites *en participation*, desquelles nous n'avons pas à nous occuper (art. 19 et 47 du Code de commerce), savoir :

La société en nom collectif, qui se contracte entre deux ou plusieurs personnes, et qui a pour objet de faire le commerce sous une raison sociale, dans laquelle ne peuvent entrer que des noms d'associés. La solidarité de tous les engagemens contractés sous cette raison, pèse sur chacun de ses associés (art. 20, 21 et 22).

La société en commandite. Celle-ci se contracte entre un ou plusieurs associés responsables ou solidaires, et un ou plusieurs associés simples bailleurs de fonds, que l'on nomme *commanditaires* ou *associés en commandite.* Cette société est régie, comme la précédente, sous un nom social qui doit être nécessairement celui d'un ou plusieurs des associés responsables, sans que l'on puisse emprunter le nom d'un associé commanditaire. Un pareil emprunt ferait supposer une garantie illimitée de la part de celui-ci, ou tromperait le public; car, dans la réalité, le commanditaire n'est passible des pertes que jusqu'à concurrence des fonds qu'il a mis ou dû mettre dans la société : tels sont les caractères de la vraie commandite (art. 23, 24, 25 et 26).

Enfin, *la société anonyme*, qui, ainsi que l'indique son appellation, n'existe point sous le nom d'un associé, mais qui doit être qualifiée par l'objet de son entreprise (art. 29 et 30). Elle est administrée par des mandataires à temps et révocables ; ces mandataires peuvent être pris parmi les intéressés (art. 31), à la différence du commanditaire, qui, dans la société en commandite, ne peut faire aucun acte de gestion ni recevoir de mandat pour les affaires de la société, sous peine d'être solidairement responsable (art. 27 et 28). Les administrateurs de la société anonyme ne sont responsables que de l'exécution de leur mandat ; ils ne contractent aucune obligation personnelle pour les engagemens de la société (art. 32) ; les associés ne seront passibles que de la perte du montant de leur intérêt dans la société (art. 33). Sous ce rapport, il y a analogie entre les actionnaires des sociétés anonymes et les commanditaires dans les sociétés en commandite. Le propre de la société anonyme est de diviser son capital en actions (art. 34). Elle ne peut exister qu'avec l'autorisation du roi (art. 37).

Lorsque le gouvernement impérial s'est occupé de la rédaction du Code de commerce, la société anonyme n'était assujettie à aucune règle. La liberté, ou, pour mieux dire, la *licence* avait engendré de graves abus ; d'autres fois l'imprévoyance et la légèreté seules avaient causé de grandes catastrophes ; nous les trouvons résumées dans les travaux préparatoires du Code.

« L'ordre public est intéressé *dans toute société qui se forme par actions*, parce que trop souvent ces entreprises ne sont qu'un piége tendu à la crédulité des citoyens. Sans une surveillance très-exacte, ce mode de former une compagnie peut donner lieu à beaucoup de fraudes. On a vu des associations mal combinées dans leur origine, ou mal gérées dans leurs opérations, compromettre la fortune des actionnaires et des administrateurs, altérer momentanément le crédit général, et mettre en péril la tranquillité publique. Il faut donc que l'autorité examine la valeur des effets que ces sociétés mettent sur place, et n'en permette le cours que lorsqu'elle s'est bien convaincue qu'ils ne cachent pas de surprises (1). »

Telles sont les causes de l'autorisation préalable imposée aux sociétés anonymes par le Code de commerce ; le devoir de l'administration dépositaire du droit de protection et de surveillance est de constater qu'une société n'est pas un piége tendu à la crédulité ; que l'objet de la spéculation est licite et réel ; qu'il existe, non un vain prospectus sur une idée sans consistance, mais déjà un acte social, un fonds d'engagement qui assure l'entreprise ; des actionnaires véritables, et non simplement des associés fictifs qui ne figureraient en apparence que pour provoquer des engagemens réels ; que les capitaux annoncés existent effectivement, ou que le versement en est suffisamment assuré ; qu'ils sont proportionnés à l'entreprise ; que les statuts qui en établissent l'administration offrent aux associés une garantie morale, et, en tous cas, des moyens de surveillance et l'exercice des droits qui leur appartiennent sur l'emploi de leurs deniers. L'acte de l'autorité royale, qui renferme autorisation et approbation, n'a pour but que de certifier au public que cette vérification est la garantie mise à la place de celles qu'offrent les sociétés ordinaires, et dont la société anonyme n'est pas susceptible.

Nous avons dû rappeler ici toutes les considérations qui ont présidé à la loi, le but, le sens et les effets de l'autorisation préalable en fait de sociétés anonymes. On verra bientôt que cet exposé était indispensable.

____

(1) Esprit du Code de commerce, par Locré.

6

Il paraît qu'au moment où le Code de commerce s'élaborait, *des commandites* avaient été faites par actions; du moins, cela fut attesté par un des membres du conseil-d'état, et l'on crut devoir consacrer par la loi un usage allégué. Telle est l'origine de l'art. 38, qui permet de diviser par actions le capital des sociétés en commandite. Mais remarquons bien ceci: le projet ajoutait que la société en commandite, *ne serait point pour cela réputée société anonyme.* Cette addition a été retranchée; elle aurait offert un moyen d'échapper aux dispositions de l'art. 37 (qui soumet les sociétés anonymes à l'autorisation préalable), en donnant la faculté de cacher une société anonyme sous les apparences d'une société en commandite, pour se dispenser d'obtenir l'autorisation du gouvernement. Ce sont les paroles de l'archichancelier (séance du conseil-d'état, du 15 janvier 1807).

On voulait donc, empêcher que la barrière ne fût tournée, cette barrière opposée aux fraudes de certains spéculateurs par la nécessité de l'autorisation préalable. La suppression du paragraphe avait été votée dans ce but; on eut même soin de déclarer que la faculté accordée par l'art. 38 ne dispenserait pas de l'application des règles établies pour les commandites, ce qui impliquait la présence de gérans sérieux, associés et responsables, de même que la défense pour les actionnaires de s'immiscer dans la gestion.

La prévoyance du législateur était sage, les traces qui nous en sont restées apparaissent aujourd'hui comme une prédiction de l'avenir qui était alors réservé à la loi. En fait, les précautions qu'il avait cru devoir prendre ont été vaines, et nous avons eu sous la forme de sociétés en commandite par actions des sociétés en tout semblables à celles que le Code a qualifiées anonymes, *moins toutefois la garantie de l'autorisation*, c'est-à-dire moins l'accomplissement de cette formalité qui a paru la condition *sine qua non* des sociétés de ce genre. Nous avons eu ce que le Code de commerce avait précédemment voulu interdire: au lieu de ces associés sérieux, responsables, solidaires s'ils sont plusieurs dans la même entreprise, au lieu de ces associés qui, pour entreprendre une affaire réelle, attirent vers eux des capitaux jusque-là stériles, et qui restent sincèrement attachés à l'entreprise, nous avons vu des spéculateurs apporter en société, comme étant d'une immense valeur, des immeubles déjà dépréciés ou des procédés d'une impuissance bientôt démontrée, réunir des capitaux à la faveur de ces apports chimériques; préposer à la société un gérant insolvable; se soustraire eux-mêmes à toutes les chances d'un désordre inévitable, et réaliser de gros bénéfices par le trafic des actions qu'ils se sont attribuées en échange de leurs prétendus apports; et à la fin de tout cela, de crédules actionnaires, qui, en retour des sommes versées par eux, ne possèdent que du papier sans valeur.

Ajoutons que les actions *au porteur*, admises par l'art. 35 du Code de commerce, pour les sociétés anonymes, ayant été introduites par l'usage dans les sociétés en commandite, à la faveur de l'art. 38, qui, dit-on, admet toutes les espèces d'actions par cela seul qu'il ne distingue pas; la loi a été violée en tous points. Elle l'était par cela seul que le préalable de l'autorisation avait succombé sous la création des commandites par actions; elle l'a été parce qu'à la faveur d'un titre qui lui permettait de rester ignoré, le commanditaire a pu gérer les affaires de la société malgré la défense de l'art. 27. Quant aux résultats, ils sont connus: la ruine de beaucoup d'actionnaires, la perte de capitaux considérables pour le vrai commerce, mais aussi la richesse scandaleuse de quelques spéculateurs sans foi.

À tous ces moyens d'éluder la loi et de tenter la crédulité publique, on en a ajouté un autre; on a dit: la loi ne règle que les sociétés commerciales, faisons des sociétés civiles; nous pourrons même les qualifier anonymes, et nous affranchir néanmoins de l'autorisation préalable; et des sociétés dites civiles ont été fondées, au risque des procès qui peuvent s'ensuivre.

En portant à plus d'un milliard l'évaluation du capital des sociétés fondées pendant les douze dernières années, soit sous la forme anonyme, soit sous la forme de commandite par actions nominatives ou au porteur, on n'exagère pas l'importance des capitaux consacrés, dans ces derniers temps, aux entreprises faites par des compagnies. Il n'est pas inutile de remarquer que les années 1836 et 1837 ont été les plus fécondes; en 1835 nous trouvons 106 sociétés, 45 millions, 47,000 actions; et en 1836 il y a eu 216 sociétés fondées, représentant un capital de 156,845,000 fr. divisé en 373,278 actions; en 1837, 288 sociétés, représentant un capital de 361,139,000 fr. divisé en 586,579 actions; tandis qu'en remontant aux années 1835, 1834 et 1833, nous trouvons seulement 106, 84 et 55 sociétés, dans lesquelles sont versés 45,508,600 francs, 79,848,000 francs 45,010,000 fr. divisés en 47,522, 58,549, 28,125 actions. Si l'on ajoute à ces accumulations toujours croissantes de capitaux, qui n'ont trait qu'aux sociétés enregistrées au tribunal de commerce de Paris, ceux des sociétés fondées hors de Paris à différentes époques, ou à Paris avant 1816, on juge sans peine que la majeure partie de la richesse du pays en numéraire se trouve engagée dans les entreprises par actions.

Chaque jour encore il se fonde de nouvelles sociétés; on s'empresse d'autant plus que l'on croit avoir intérêt à dater son existence d'une époque antérieure à la loi annoncée par le gouvernement, et à se soustraire ainsi aux moyens de précaution et de prévoyance qu'elle peut prescrire. Les actions de 1,000 et de 500 fr. ne suffisaient pas pour recueillir de l'argent; on en a créé de 50 fr. et de 20 fr. pour arriver jusqu'aux plus petites bourses; on multiplie, pour les propager et pour atteindre les fortunes particulières, les moyens d'annonces et de publicité les plus efficaces; chaque jour la presse périodique livre ses colonnes à de nouveaux projets, à l'émission de nouvelles actions.

Hâtons-nous d'apporter le remède convenable à l'état actuel des choses, pour que les capitaux, ressource de l'industrie, du commerce et de l'agriculture ne soient pas gaspillés dans de chimériques tentatives, et que plus tard ils ne soient pas introuvables lorsqu'il s'agira d'entreprises sérieuses, utiles, réellement profitables au pays. Il ne s'agit pas de priver ces dernières entreprises de la faculté de recourir à la création d'actions nominatives ou même au porteur pour faire appel à toutes les fortunes, mais d'empêcher que l'émission des actions soit le commerce lui-même; en un mot, c'est le commerce ou plutôt l'industrie des actions qu'il s'agit de frapper, dans l'intérêt du commerce véritable et de la morale publique.

Le remède, quel est-il? Trois systèmes sont en présence:

Soumettre les commandites par actions à l'autorisation préalable, comme les sociétés anonymes;

Interdire les commandites par actions;

En maintenir la libre formation, mais à des conditions déterminées par la loi.

Disons tout de suite que les partisans de ce dernier système ne sont pas tous d'accord sur ses conditions. Les uns se bornent à demander que la part du capital social fournie par les commanditaires soit seule divisible par actions, et que ces actions soient nominatives; les autres demandent que la loi ne permette, dans les commandites, que la création d'actions d'une importance telle (par exemple 5,000 fr.) qu'elles ne puissent devenir un moyen de spéculation et un piège à l'égard des petits capitalistes; que le capital social soit intégralement et sérieusement souscrit au moment de la formation de la société; que les actions ne puissent être créées qu'en représentation du capital à réaliser en argent, les apports sociaux autres que l'argent ne devant jamais être directement ou indirectement représentés par des actions, sauf à ceux qui les fournissent à stipuler une part de bénéfices qui ne serait cessible qu'après un certain temps, cinq années, par exemple, après la mise en activité de la société; que les actions ne puissent être délivrées aux souscripteurs et mises en circulation que quand ces derniers en auraient versé le montant intégral à la caisse sociale; que les gérans de la commandite par actions soient tenus de souscrire, de verser et de conserver à leur compte personnel le cinquième au moins du capital en argent.

Ce système ne pouvait réaliser le bien qu'on en espère, et le gouvernement a dû le repousser. Voyons en effet successivement chacune de ses divisions.

Les partisans de la première partie du système supposent que, dans la société en commandite, les associés solidaires représentant tout ou partie de la raison sociale, possèdent toujours une portion du capital et, surtout une portion importante; que la commandite n'est qu'un accessoire ou un auxiliaire. Mais le propre de ce genre de société, comme de toute autre, est de permettre à des associés, même à ceux qui doivent personnellement répondre de tous les engagemens avec solidarité, de n'apporter que leur industrie ou leur travail, d'autres devant fournir toute la commandite. Dans cette hypothèse, la commandite est le capital intégral, et l'hypothèse peut se réaliser au gré des fondateurs dans toutes les sociétés. Ne prendre d'autre mesure que celle de déclarer la commandite seule divisible, ce serait donc laisser la porte ouverte aux abus. À la vérité, on propose en même temps d'interdire les actions *au porteur* dans les commandites. Cela aurait certainement l'avantage de faire respecter l'article 27 du Code de commerce, qui défend aux associés commanditaires de s'immiscer dans la gestion de la société: car ils ne pourraient plus se cacher sous le voile de l'anonyme des actions au porteur; mais aussi les actionnaires, craignant d'engager leur responsabilité, qui deviendrait illimitée, par des démarches que l'on pourrait assimiler à des actes de gestion, n'oseraient pas même exercer des actes de simple surveillance ou hasarder quelques conseils; ils aimeraient mieux risquer des pertes sur leurs actions, que de s'exposer à quelque recours ou à des procès de la part des tiers. C'est bien alors que des gérans infidèles ou incapables, maîtres de tout le capital social dont ils n'auraient peut-être pas fourni un centime, auraient une liberté redoutable aux actionnaires. La source des abus serait permanente.

Les partisans de la dernière partie du système que nous examinons en ce moment n'ont pas vu, ce nous semble, les difficultés de son application. Leur but est de maintenir la liberté des associations en commandite par actions. Eh bien! la liberté qu'ils concèdent n'est qu'une ombre; elle serait un vain mot. Si nous faisons ressortir cette vérité, on nous concédera sans doute qu'il vaut mieux franchement adopter un système qui, s'il ne laisse pas la liberté, n'annonce pas du moins qu'il veut en doter les spéculateurs.

Nous disions tout à l'heure que, dans les sociétés en commandite, les associés solidaires et gérans pouvaient n'apporter que leur industrie et leur travail, le capital devant être fourni intégralement par les commanditaires; il est bien évident que, pour cette hypothèse, il n'y a point de société en commandite par action possible aux conditions que nous venons d'analyser; puisque ces conditions exigeraient un apport considérable de la part de l'associé responsable. Voilà donc toute une classe déshéritée du bénéfice du régime libre. Supposons maintenant le concours de plusieurs capitalistes pour fonder la société. Si on les trouve disposés à se mettre en avant aujourd'hui, c'est parce qu'il leur est permis de ne s'engager qu'autant et pour aussi long-temps qu'ils le veulent ; c'est parce qu'ils peuvent, après avoir donné l'impulsion, par l'influence de leur nom et de leur crédit, céder leurs actions, avec bénéfice bien entendu, se retirer complétement de la société et recommencer de nouvelles spéculations, sans s'inquiéter le moins du monde de celle que tout à l'heure ils aidaient à naître. Mais du moment où on leur dira : Vous resterez engagés, vous aurez le cinquième du capital à vous, les risques seront dans la même proportion, vous les condamnerez à renoncer aux grandes entreprises par voie de société en commandite par actions. Personne ne voudra profiter d'une liberté que vous ferez payer aussi chèrement. Leur restera-t-il au moins la ressource des actions dans les entreprises qui ne demandent que de modestes capitaux ? C'est trop peu pour tenter leur industrie; et d'ailleurs quand ils voudraient prendre la peine de s'y intéresser, est-ce qu'ils trouveraient beaucoup d'actionnaires pour des portions de 5,000 francs? Vous ne leur laisseriez donc pas de chances d'un placement facile, et, pour ce motif encore, ils dédaigneraient le présent que vous voulez leur faire d'une liberté illusoire. En résumé, ou les entraves imposées à la commandite libre par actions ne pourraient pas être éludées, et dans ce cas vous l'auriez vainement inscrite dans nos Codes, nul ne voudrait y recourir; ou bien on éluderait avec une habileté insaisissable dans ses moyens divers, les garanties que vous auriez formulées contre les abus ; et, dans ce cas, la loi serait sans efficacité : c'est probablement cette dernière hypothèse qui se réaliserait.

Après avoir pesé toutes ces considérations, le gouvernement n'a plus vu de choix possible qu'entre les deux premiers systèmes : soumettre les sociétés en commandite par actions à l'autorisation préalable, ou n'autoriser les actions que dans les sociétés anonymes.

Or, il ne faut pas se le dissimuler, l'autorisation préalable, admise comme condition *sine quâ non* de l'existence des commandites par actions, range par le fait ces commandites et les sociétés anonymes dans la même classe : aux mots près et à la seule différence du titre, il n'y a plus que le régime des sociétés anonymes quant à la forme. Il y aurait des dissemblances pour le fond, mais tout à l'avantage de ceux qui donneraient la préférence aux sociétés anonymes ; car pour eux il y aurait au moins la faculté de surveiller, de gérer même en vertu d'un mandat, de révoquer des mandataires infidèles ou incapables.

Dans cet état de choses, il vaut mieux nettement supprimer la faculté qu'à donnée l'art. 38 du Code de commerce, de diviser en actions le capital des sociétés en commandite.

Cette résolution n'est qu'un retour à l'ancien droit, sous le régime duquel on ne pratiquait pas la commandite divisée en actions; elle est un retour au véritable esprit du Code de commerce, et, par conséquent, au droit commun. Nous avons vu, en effet, que le Code n'avait entendu admettre que les trois espèces de société que nous avons eu soin de définir dans le cours de cet exposé; que si, après avoir pris le soin de tout classer, de tout coordonner et régler, le législateur avait permis de diviser en actions la commandite, c'était à la condition expresse qu'il ne serait pas porté atteinte à la loi générale des commandites, et sous cette autre condition *virtuelle*, que ces sociétés ne dégénéreraient pas en sociétés anonymes. Puisque sa prévoyance a été mise en défaut, c'est à nous qu'il appartient, en rentrant dans ses vues, de faire respecter les règles qu'il a sagement tracées pour chacune des trois sociétés, les seules qu'il ait voulu admettre. Par là enfin, nous adoptons le droit de toutes les nations commerçantes, de l'Angleterre, des États-Unis, de l'Allemagne, qui ne reconnaissent d'autres sociétés par actions que celles qui ont été approuvées par un acte de l'autorité publique.

Nous avons fait connaître les graves motifs d'intérêt public qui, en 1808, ont déterminé le législateur à ne pas laisser aux particuliers le droit de créer librement et sans contrôle des sociétés anonymes; les mêmes motifs s'opposent à ce que les commandites par actions soient pratiquées librement. Nous résumerons ici ces motifs, en rappelant que dans ces sortes d'associations fondées par quelques spéculateurs, les tiers ne sont jamais, ni l'autorité pour eux, admis à discuter les bases de la société et à stipuler la garantie de leurs intérêts. C'est pour cela que les fondateurs trouvent tant de facilité à jeter dans la société un apport qu'ils évaluent arbitrairement; quelquefois c'est un immeuble auquel ils donnent une valeur d'une exagération scandaleuse; quelquefois c'est un brevet d'invention, c'est leur temps, leur industrie, un nom qu'ils apportent. En représentation de cet apport estimé très-haut, ils s'attribuent la meilleure part des actions qu'ils réalisent immédiatement, et les acquéreurs trompés cherchent inutilement dans les débris de l'actif social de quoi se couvrir d'une très-mince partie de leurs imprudentes avances. La morale et l'intérêt public protestent contre ces déceptions, et c'est pour les prévenir que les sociétés anonymes ont été mises sous la tutelle du gouvernement; ne souffrons pas qu'elles se reproduisent davantage, en un mot, qu'à l'aide d'un changement de nom on pratique de véritables sociétés anonymes par actions, en échappant par de nouveaux motifs aux garanties dont tant d'intérêts proclament la nécessité.

En faisant rentrer toutes les sociétés par actions dans la catégorie des sociétés anonymes, c'est-à-dire sous le régime de l'autorisation, vous ne ferez tort qu'au commerce déprédateur; le commerce probe devra s'en réjouir.

Ce n'est pas qu'il n'y ait de graves objections contre la formalité de l'autorisation préalable appliquée à toutes les sociétés par actions : nous les avons vues, examinées et appréciées; mais elles ne nous ont point paru de nature à nous détourner de la voie dans laquelle nous nous sommes engagés.

L'autorisation n'est pas chose nouvelle; depuis trente ans on s'y soumet pour les sociétés anonymes; l'expérience nous vient donc en aide.

On lui fait deux reproches essentiels : 1° l'autorisation peut être un ressort pour le charlatanisme; il ne manquera pas de fondateurs qui s'en prévaudront pour annoncer que leur entreprise, commencée sous les auspices et avec le patronage du gouvernement, est une excellente affaire, que l'autorisation donnée en est la preuve; 2° cette formalité entraînera des lenteurs préjudiciables aux entreprises industrielles, qui souvent exigent une grande célérité.

La valeur de l'autorisation comme préjugé en faveur d'une entreprise est depuis long-temps appréciée. On sait à quoi s'en tenir sur ses conséquences; personne n'a signalé les abus qui auraient pu s'ensuivre.

Quant aux lenteurs que l'on paraît craindre, de deux choses l'une : ou il s'agit d'une grande affaire, et celles-là ne s'improvisent pas; les entrepreneurs n'ont pas à redouter les délais de l'autorisation, ou il s'agit d'entreprises limitées à quelques millions, à quelques centaines de mille francs; pour celles-là, il y a la ressource de la société en commandite, telle qu'on l'a anciennement pratiquée, telle qu'on la pratique encore aujourd'hui fréquemment. Cette ressource est prompte, elle affranchit des lenteurs de l'autorisation, et elle ne manquera pas, si l'entreprise est jugée bonne par les possesseurs intelligens de capitaux. Supposez l'entreprise hasardeuse, mauvaise, où est le mal d'empêcher un libre appel aux petits capitalistes ignorans, imprévoyans, à ceux-là qui ont besoin d'être protégés?

Ajoutons que la mesure récemment prise (nous voulons parler de l'ordonnance royale qui crée dans le conseil-d'état un comité de commerce avec des attributions spéciales) garantit que les affaires commerciales ainsi séparées des autres recevront une plus prompte solution.

La disposition principale du projet se trouve ainsi justifiée. Si elle est adoptée, nous n'aurons désormais que la société en nom collectif, la société anonyme, la société en commandite pure, sans mélange de cette société en commandite par actions qui se trouvait affranchie de toutes règles.

Mais il ne suffisait pas à nos yeux de ranger toutes les sociétés par actions dans la classe des sociétés anonymes; nous avons pensé qu'il fallait une sanction à la défense faite par le projet de constituer des commandites par actions, et que la législation réclamait d'autres améliorations. Ainsi il était nécessaire de donner également une sanction efficace à la loi qui veut l'autorisation préalable pour les sociétés anonymes; il était nécessaire de décréter une règle d'après laquelle le mode et les conditions d'émission des actions seraient déterminés; il fallait pourvoir à ce que l'actif social ne fût pas réduit, et en définitive ruiné par des prélèvemens qualifiés bénéfices; il était indispensable de donner aux actionnaires le moyen de terminer les difficultés qui peuvent s'élever entre eux, et d'empêcher enfin que les garanties salutaires données au public ou aux intéressés ne fussent éludées à la faveur d'une qualification donnée à une société. De grands abus avaient été signalés dans l'institution de l'arbitrage forcé. Le gouvernement a dû s'en préoccuper; et ramener le jugement des procès entre associés au droit commun.

Tout cela fait la matière de diverses dispositions du projet que nous avons à justifier successivement par un exposé rapide.

Si une société en commandite par actions se forme contrairement au vœu de la loi, le premier devoir du législateur est de la déclarer nulle. Il en doit être de même quant aux sociétés anonymes qui s'établiraient sans autorisation. Les fondateurs, les gérans, les administrateurs de ces sociétés illégales auront émis des actions, contracté des dettes, souscrit des engagemens, délivré des produits; les actionnaires ni les tiers ne sauraient être victimes de l'abus: ils auront donc le droit de leur demander une restitution, un paiement, des dommages-intérêts. Cette réparation a paru suffisante; il eût été injuste et inutile d'aller jusqu'à des peines corporelles. Si cependant l'organisation et la publication de l'acte social, ou l'appel fait aux capitalistes, présentaient les caractères de l'escroquerie, le ministère public aurait l'action correctionnelle. Nous n'avons pas voulu que cela fût simplement sous-entendu, le projet le dit textuellement.

Les actions émises par une société anonyme peuvent être de deux sortes, aux termes du Code de commerce, les actions nominatives et les actions au porteur. Le Code n'avait pas supposé sans doute que les souscripteurs primitifs ou premiers porteurs des actions de l'une ou de l'autre espèce, pourraient, au moyen d'une cession, prétendre au droit de s'affranchir de toutes les obligations dérivant du titre d'associé, et de les faire peser uniquement sur leurs cessionnaires. Aussi ne contient-il que des dispositions générales sur le mode de transmission, et il s'est référé aux principes généraux du droit en matière d'obligations. Mais dans l'usage, on s'est donné une latitude que les jurisconsultes ont peine à comprendre, quant aux actions nominatives; relativement aux actions au porteur, dont la trace se perd d'un moment à l'autre, il était difficile d'atteindre un actionnaire dont l'action n'est pas entièrement soldée. L'article 3 du projet mettra un terme aux incertitudes.

Les actions nominatives laissant toujours, dans les négociations dont elles peuvent être l'objet, la preuve de leur passage en telles ou telles mains, on pourrait sans injustice réputer responsables du paiement de la somme soustraite, ceux qui, en acquérant l'action, se sont soumis au paiement de leur part sociale. Mais c'eût été une rigueur inutile, condamnée par l'usage, dangereuse même pour le crédit, parce que les grands capitalistes qui aident les entreprises ne consentiraient jamais à s'y engager sous la condition de demeurer à toujours responsables des sommes intégrales souscrites par eux. Toutefois, en reconnaissant que la transmission de l'action pouvait affranchir celui qui la possédait, comme celui qui la souscrite dans l'origine, il fallait empêcher que cette franchise n'allât trop loin. Le gouvernement a pensé qu'il suffirait que le contrat de société réglât les conditions auxquelles un souscripteur d'action, et conséquemment son acquéreur pourrait transmettre cette action et se dégager ainsi de toute obligation ultérieure envers la société; le contrôle de l'autorité garantira le public de toutes stipulations qui pourraient le léser.

La même latitude ne pouvait être accordée pour les actions au porteur. Quant à celles-ci, une libération partielle ne pouvant jamais suffire, on ne devait pas laisser aux contractans le soin de déterminer la part qui devrait être payée avant leur émission; elles ne seront jamais émises que quand le montant total en aura été versé ou cautionné par la partie prenante.

Un des grands vices d'une société par actions, c'est d'attirer des actionnaires par la perspective de dividendes assurés; on ne manque pas de les promettre, on les paie en effet pour remplir un engagement, et surtout pour entretenir le cours des actions, qui seraient bientôt décriées si elles étaient improductives. Mais comment se procure-t-on les moyens de satisfaire à cette nécessité? en ruinant l'avenir de la société, en prenant sur le capital, tandis que le dividende suppose un bénéfice. Voilà une plaie à laquelle il était urgent de porter remède.

A cet effet, rien n'était plus simple que de décider qu'aucune répartition ne pourrait être faite aux actionnaires, n'importe sous quelle dénomination, que sur les bénéfices nets constatés par inventaire. Mais la difficulté était de déterminer la sanction de cette sage disposition. C'est alors que s'est élevée la question de savoir si les actionnaires seraient tenus dans tous les cas de rapporter ce qu'ils auraient reçu, même de bonne foi, s'ils seraient indéfiniment sujets à cette action en rapport, pendant le délai ordinaire de la prescription. Autre question non moins grave : Ceux qui administrent la société, aux termes de l'art. 34 du Code de commerce, ne sont-ils pas responsables d'une mauvaise distribution? le seront-ils dans tous les cas? ces questions ont été examinées sous toutes leurs faces.

Quant aux sociétaires, il était difficile de les astreindre au rapport des sommes qu'ils auraient reçues et consommées de bonne foi. Leur bonne foi ne pouvait être admise, la présomption leur étant tout-à-fait contraire, lorsqu'à la faveur de la précaution la plus vulgaire, c'est-à-dire en consultant les résultats de l'inventaire; ils peuvent refuser de recevoir comme dividende une somme qui ne saurait leur être payée qu'au détriment du fonds social; nous n'avons pas hésité à les soumettre au rapport toutes les fois qu'une répartition aura été faite en dehors des inventaires.

L'action en rapport limitée à ce cas, il n'y avait pas de motifs pour en abréger la durée. Dans toute autre hypothèse, il aurait fallu une prescription très-brève.

Quant aux administrateurs (c'est la seule dénomination consacrée par Code pour ceux qui gèrent et conduisent une société anonyme), avertis qu'ils sont par la loi, de ne faire de répartition qu'après inventaire, et lorsque l'inventaire en constate la possibilité, il n'y avait aucune difficulté à les déclarer responsables solidairement et par corps, en cas de désobéissance. Mais il pouvait se présenter d'autres causes de responsabilité. Supposons, en effet, qu'un inventaire ait été dressé, et que les administrateurs, dans le but, par exemple, de faire croire à une prospérité qui ne serait qu'apparente, aient fait ressortir des bénéfices là où ils savaient qu'il n'existait que des pertes. Supposons que, sans se rendre coupables de cette fraude, ils aient commis des fautes graves dans l'établissement de l'inventaire et dénaturé ainsi les résultats. Dans la première des hypothèses, ils répondront nécessairement de leur dol. Nous avons pensé qu'il en devait être de même en cas de faute grave, parce que, dans les principes généraux du droit, la faute grave est assimilée au dol quant à la responsabilité, et qu'il n'y avait aucun motif pour y déroger en matière de distribution de deniers sociaux.

Quelque parti que l'on prenne sur l'institution de l'arbitrage forcé, il y a quelques règles de procédure à tracer pour les débats qui peuvent déterminer la mise en cause de la généralité des actionnaires nominatifs ou des propriétaires d'actions au porteur. Ce que nous allons dire des difficultés que l'on ressent dans l'état actuel de la législation, s'appliquera naturellement au cas de suppression de l'arbitrage forcé.

L'expérience atteste que quand il y a lieu de poursuivre en justice des actionnaires, on éprouve les plus graves embarras. S'agit-il, en effet, de propriétaires d'actions au porteur, on ne sait où les saisir. S'agit-il d'actionnaires nominatifs ! ils sont la plupart du temps disséminés de tous côtés, en France, en pays étrangers ; on est obligé, pour obéir aux prescriptions de la loi, de les ajourner à leur domicile, d'observer tous les délais calculés sur les distances, et par conséquent de subir des lenteurs qui éternisent les liquidations sociales et laissent en souffrance une foule d'intérêts.

Notre première pensée a été que l'on pouvait remédier à ce fâcheux état de choses, 1° à l'égard des actionnaires nominatifs, en les obligeant à faire élection de domicile dans le lieu où siége la société, de telle sorte que tous les actes de procédure, ajournemens, significations, fussent valablement notifiés à ce domicile élu, et, à défaut d'élection, au parquet du Procureur du Roi ; 2° à l'égard des propriétaires d'actions au porteur, en décidant qu'ils seraient avertis par une citation collective affichée à la porte de l'auditoire et publiée dans un journal judiciaire, à plusieurs reprises. Dans l'un et l'autre cas, les délais devaient être ceux de l'ajournement ordinaire, sans augmentation à raison des distances.

Mais nous n'avons pas tardé à reconnaître que ce serait remédier seulement à une partie du mal ; qu'il resterait toujours ces frais énormes résultant d'assignations et de significations individuelles à faire à des centaines d'actionnaires lorsque les actions seraient nominatives, frais qui s'accroîtraient encore des notifications individuelles qu'auraient à faire les actionnaires défendeurs.

Le devoir du gouvernement était donc de rechercher un moyen qui conciliât ces deux nécessités : économie de temps, économie de frais. Pour ne pas faire d'innovation propre à effrayer les esprits, il a consulté les situations analogues. Ainsi, dans le cas de faillite, les créanciers qui ont un intérêt commun sont représentés par un syndic dans tous les procès qu'ils ont à soutenir comme demandeurs ou comme défendeurs. Pourquoi ne pas créer une semblable représentation pour une généralité ou une communauté d'actionnaires ? L'assemblée générale nommera des commissaires spéciaux toutes les fois que cela sera nécessaire. Si elle ne se réunit pas, ou si la réunion n'amène aucun résultat, c'est le tribunal de commerce qui les désignera, sur la requête de la partie la plus diligente ; ces commissaires seront les représentans des intéressés pour toute la durée du procès ; ils auront qualité pour recevoir toutes assignations et notifications, pour appeler ou défendre sur l'appel ou sur le pourvoi en cassation,

Nous réservons à chaque intéressé le droit d'intervenir individuellement dans le procès, mais à ses frais personnels ; la masse des dépens n'en sera pas accrue, et nous laissons une garantie aux actionnaires qui craindraient de ne pas être suffisamment défendus.

Mais il faut que l'on sache bien que ces règles, toutes spéciales de procédure, s'appliquent seulement aux cas de contestation avec les actionnaires représentant l'intérêt social collectif, et non au cas de contestation avec les actionnaires assignés à raison d'une obligation particulière. Ainsi, que des actionnaires soient poursuivis comme débiteurs de tout ou partie de leur action, c'est une procédure qui rentre dans les règles du droit commun ; qu'ils soient au contraire appelés en justice pour le règlement des intérêts sociaux, soit par leurs propres administrateurs, soit par une portion des actionnaires eux-mêmes, alors qu'ils en sont réduits à la nécessité de plaider les uns contre les autres, c'est le cas du commissariat.

Telles sont les idées et les vues que nous avons formulées dans la rédaction de l'article 5 du projet, qui, par sa généralité, s'applique aux actionnaires nominatifs comme aux propriétaires d'actions au porteur, qui peuvent, aussi bien que les premiers, être convoqués en assemblée générale, dans la forme prescrite par leurs statuts.

Vainement aurions-nous pris des précautions contre les spéculateurs, si nous n'avions ajouté une disposition dont le but est d'empêcher qu'on n'élude la loi. En effet, le Code de commerce et les premiers articles du projet actuel, qui doit en être le complément, ne régissent que les sociétés commerciales. Or, pour se soustraire au Code de commerce, on a déjà imaginé des sociétés *civiles*, des sociétés anonymes par actions, que l'on a qualifiées civiles. Elles empruntent tout aux sociétés commerciales, elles n'en abdiquent que le titre. Il ne faut pas laisser cette ressource à la fraude. Nous n'entendons point déroger à la loi du 20 avril 1810, qui répute affaire civile l'exploitation d'une mine : tout en respectant cette qualification, et les règles de compétence qui en sont la suite, nous ne pouvons admettre, cependant, que des actions seront librement émises, avec toutes les chances et tous leurs embarras, dans une opération qui peut engendrer les plus grands abus. Le Gouvernement propose, en conséquence, de décider que les règles du Code de commerce relatives aux sociétés anonymes et celles du présent projet seront applicables à toutes sociétés dont le capital sera divisé par actions, quel qu'en soit l'objet. Tel est le but de l'article 6, et la place qu'il occupe montre bien que tout ce qui le précède est indéfiniment appliqué à toute société par actions.

Il nous reste à parler de l'arbitrage forcé.

En soumettant les différends sociaux à la juridiction arbitrale, le législateur avait en vue le bien du commerce ; les auteurs de l'ordonnance de 1673 avaient pensé que c'était le seul moyen de terminer les procès avec promptitude et sans frais, chose si importante pour les négocians. Séduits par les mêmes vues, les rédacteurs du Code de commerce maintinrent ce qu'ils avaient trouvé établi. Mais l'expérience a prouvé que l'économie était nulle sous le rapport des frais, et que, loin de suivre une marche rapide, le procès se trouvait entravé par des lenteurs insurmontables ; l'expérience a révélé encore d'autres inconvéniens. Expliquons ces divers reproches que nous adressons à l'arbitrage forcé et dont nous nous empressons d'absoudre les arbitrages volontaires.

Condamné par le Code à subir l'arbitrage, chaque associé a le droit de nommer son arbitre. Mais si l'une des parties a intérêt à n'être pas jugée, à gagner du temps, il faut commencer par lui faire un procès pour le contraindre à désigner son juge, ou pour obtenir qu'il lui en soit nommé un d'office. Qu'il survienne ou qu'on fasse surgir le moindre incident de procédure, on aura bientôt épuisé dans les préliminaires de la composition du tribunal arbitral le temps qui aurait suffi pour faire juger la contestation par les juges ordinaires.

A la vérité, on ne trouve pas toujours des plaideurs qui cherchent à éloigner le jour du jugement. Quelquefois, souvent même, les deux parties, également intéressées à mettre un terme au différend, voudraient avoir tout de suite des juges; mais l'une d'elles, et il y en a des exemples, croit de très-bonne foi que la juridiction arbitrale n'est pas compétente, et l'on commence par plaider en première instance et en appel pour savoir qui, en définitive, devra connaître du litige.

Voilà donc bien des lenteurs et des frais à l'occasion d'une juridiction qui devait être marquée au coin de l'économie et de la promptitude.

Et d'ailleurs la justice arbitrale est-elle donc gratuite? Dans un temps où les entreprises, les travaux, les études de tous genres absorbent la vie de l'homme, où chacun a besoin de compter avec lui-même les heures qu'il dépense, peut-on espérer de trouver des personnes qui se dévouent gratuitement à l'examen attentif, aux longues conférences, à la lecture de pièces multipliées, à l'apurement de comptes obscurs, toutes choses indispensables pour rendre un bon jugement? Quelquefois, oui, mais rarement, et c'est l'exception. La règle, l'usage, si l'on veut, c'est que les arbitres reçoivent un salaire, et il faut bien qu'on le proportionne à l'importance et aux fatigues de leur opération.

Nous conviendrons toutefois que ce ne seraient peut-être pas là des motifs suffisans pour détruire l'institution, quelque graves qu'ils soient déjà. Mais il y en a d'autres qui donnent une idée exacte de la mesure du mal, et toutes ces considérations réunis doivent paraître décisives.

Les législateurs qui ont successivement préconisé l'arbitrage forcé paraissent n'avoir en vue que le cas assez simple et cependant le moins ordinaire, où, deux associés étant en procès, chacun nomme son arbitre, sauf à recourir à un tiers en cas de dissidence. Mais comment faire lorsqu'il y a plusieurs associés engagés dans le débat? Comment faire lorsqu'il existe, comme dans les sociétés par actions, des centaines ou des milliers d'actionnaires, et surtout lorsque ce sont des propriétaires d'actions au porteur?

Supposons d'abord le cas où trois associés seulement sont en cause. Il est probable que deux de ces associés ont, sur tous ou quelques-uns des points du débat un intérêt commun, contre le troisième; chacun d'eux choisit et nomme son arbitre: il est de toute évidence, si la décision se forme entre les trois arbitres ainsi nommés à la majorité des voix, que celui des associés dont l'intérêt est opposé aux deux autres sera sacrifié.

On a tenté, dans les jugemens qui ordonnent et constituent l'arbitrage, d'éviter ce danger en classant les associés et les arbitres par catégories d'intérêt; et ainsi on a ordonné que deux ou trois arbitres nommés par deux ou trois associés, entre lesquels on supposait exister une communauté d'intérêts, n'auraient entre eux qu'une voix.

Il n'est pas difficile d'apercevoir la bizarrerie des résultats auxquels ce système a conduit: les arbitres, accolés ainsi, ne s'en divisaient pas moins dans le vote, et il en résultait des demi-voix, des tiers ou des quarts de voix.

Au surplus, un vice radical dominait ce système; c'est qu'il est impossible, en constituant un arbitrage forcé, de constater, de deviner l'intérêt réel qui domine chaque associé; de telle façon qu'on s'exposait, dans la réalité du fait, à réunir ainsi des arbitres chargés de représenter et enclins à faire triompher des intérêts tout-à-fait opposés.

Tout ceci s'applique au cas où le débat s'engage entre un petit nombre d'associés; lorsqu'il y en a des dizaines, des centaines, des milliers, la difficulté est complétement insurmontable; car dans l'état actuel de la législation, chaque associé est bien certainement investi du droit de nommer son arbitre, et on a l'exemple d'une société dans laquelle figuraient quelques centaines d'actionnaires, et où il a été sérieusement plaidé que chacun d'eux devait être admis à faire sa nomination.

Qu'a-t-on fait? Les tribunaux ont refusé en pareil cas aux parties le droit de nomination et ont nommé d'office: c'était trancher la difficulté en violant manifestement une loi inexécutable.

Mais, pour arriver à cette violation nécessaire de la loi, que de procédures contre ceux qui invoquent la loi! On a l'exemple d'une société par actions, dans laquelle, pendant quatre années, on a plaidé au tribunal de commerce, et appel pour avoir des juges; encore le procès n'a-t-il fini que parce que l'intérêt était complétement épuisé.

Et si l'on a pu vaincre toutes les difficultés que nous venons de retracer, ou si l'on a été assez heureux pour ne pas les rencontrer sur son chemin, est-on sûr du moins de trouver dans les arbitres un tribunal impartial? Quiconque a l'expérience des hommes et des choses répondra qu'un arbitre est pour le moins animé du désir que la partie qui l'a nommé ait raison. Et voilà avec quelle disposition il vient juger le procès! Et que sera-ce donc si l'arbitre ne regarde sa mission que comme consistant à défendre les intérêts de celui qui lui a confié son pouvoir? Supposez enfin que l'une des parties nomme pour son arbitre un homme déshonoré, dont les efforts doivent tendre à rendre le jugement impossible; il faudra donc plaider sur une récusation, sur une plainte en déni de justice! et c'est là ce qu'on appelle un moyen prompt de résoudre les difficultés entre les associés!

Tous ces vices tiennent à l'institution même qui condamne un associé à subir pour juge l'homme choisi par son adversaire; c'est donc à l'institution qu'il faut s'en prendre.

Il y avait donc nécessité de soustraire les intérêts commerciaux à la nécessité de l'arbitrage forcé: il faut que l'arbitrage soit une faculté; il ne peut plus être une nécessité pour des situations dans lesquelles l'expérience a prouvé qu'il était inexécutable. Le projet interdit toute stipulation générale contraire; du reste, si un procès vient à naître, l'objet de l'arbitrage pouvant être alors déterminé, les parties seront libres de désigner des arbitres, de les agréer réciproquement, au lieu de se les imposer; ce sera l'arbitrage purement volontaire, l'arbitrage prenant naissance au moment du procès et librement consenti, puisque les parties n'auront pas été liées d'avance.

Voilà l'ensemble des dispositions de l'art. 7.

Le huitième et dernier article n'est que la conséquence de ceux qui précèdent; il mentionne l'abrogation déjà implicite des dispositions du Code de commerce qui consacraient la commandite en actions et l'arbitrage forcé. Il indique la modification à faire à l'art. 44; elle consiste dans la suppression des derniers mots de cet article, qui se réfère à une commandite en actions désormais abolie.

Nous sommes entrés dans ces longues et minutieuses explications, parce que le sujet est grave, parce qu'il importe que les personnes appelées à l'examiner connaissent bien toute la pensée du Gouvernement, et les motifs qui, après une mûre délibération, ont déterminé le projet qui va vous être soumis. Des abus multipliés se produisant sans contrôle et sans contrainte ; les piéges sans nombre, tendus à la bonne foi et à la crédulité ; les capitaux détournés du véritable commerce pour être dévorés par des spéculations sans prudence et souvent sans probité ; l'agiotage pouvant se mêler à toutes les entreprises même les plus utiles, pour les corrompre et les dénaturer ; la prévision facile des catastrophes qu'un fatal entraînement et que l'incurie de la loi devraient nécessairement amener ; l'exemple de toutes les législations des pays commerçans, qui consacrent les garanties que nous vous proposons de consacrer : tout nous faisait un devoir de porter aux chambres la connaissance d'un mal qui, chaque jour, s'aggrave, et des moyens de le faire cesser.

<hr>

TEXTE DU PROJET DE LOI PRÉSENTÉ PAR LE GOUVERNEMENT.

Art. 1er. Le capital des sociétés en commandite ne pourra être divisé en actions.

En cas d'infraction, la société sera nulle à l'égard des associés. Les fondateurs, gérans ou administrateurs seront, solidairement et par corps, obligés à la restitution de toutes les sommes qu'ils auraient reçues en échange des actions émises, au paiement des dettes sociales et aux dommages-intérêts qui résulteraient de l'inexécution des engagemens contractés au nom de la société envers les tiers, sans préjudice, s'il y échet, de l'application de l'art. 405 du Code pénal.

Art. 2. Les dispositions de l'article ci-dessus, en ce qui touche la nullité, les restitutions, les dettes et dommages-intérêts, ainsi que l'action publique, seront appliquées à tous les cas de sociétés anonymes non autorisées.

Art. 3. Le contrat de société anonyme réglera le mode et les conditions d'émission des actions nominatives, ainsi que les obligations qui en résultent envers la société et les tiers, de la part du souscripteur primitif et des cessionnaires successifs des actions.

Les actions au porteur ne pourront être délivrées que quand le montant total en aura été versé ou garanti à la société par celui auquel la société les délivrera.

Art. 4. Aucune répartition ne pourra être faite aux actionnaires, sous quelque dénomination que ce soit, que sur les bénéfices nets constatés par les inventaires qui auront été dressés par les administrateurs, et vérifiés dans la forme déterminée par l'acte de société.

Toute répartition faite en dehors desdits inventaires sera sujette à rapport.

Les administrateurs seront responsables, solidairement et par corps, de toute répartition faite sans inventaire préalable, ou en dehors des inventaires, ou en vertu d'inventaires dans l'établissement desquels ils seraient coupables de dol ou de faute grave.

Art. 5. Les actionnaires, en cas de contestation, soit entre eux et les administrateurs, soit entre eux et un certain nombre de leurs co-sociétaires, ne pourront procéder en justice, soit en demandant, soit en défendant, qu'à la diligence de commissaires nommés spécialement pour chaque procès dans l'assemblée générale qui sera convoquée à cet effet par les administrateurs, dans la forme déterminée par les statuts.

Dans le cas où il y aurait refus ou impossibilité de convocation, comme dans celui où l'assemblée générale ne nommerait pas les commissaires, ceux-ci seront désignés par le tribunal de commerce, sur la requête de la partie la plus diligente.

Tous actes de procédure seront valablement faits jusqu'à la fin du procès à la requête ou en la personne des commissaires nommés en exécution des dispositions précédentes, sauf à chaque actionnaire à intervenir personnellement, si bon lui semble, mais à ses frais.

Art. 6. Les dispositions du Code de commerce, relatives aux sociétés anonymes, et celles de la présente loi, sont applicables à toute société dont le capital sera divisé par actions, quel qu'en soit l'objet.

Art. 7. En matière de société commerciale, toute contestation entre associés pour raison de cette société ou de sa liquidation, sera portée devant le tribunal de commerce.

Toute stipulation contraire est interdite dans les contrats de société et sera réputée nulle, sauf le droit réservé aux parties de compromettre dans les termes et aux conditions du Code de procédure civile, lorsque l'objet du procès sera déterminé.

Art. 8. Sont abrogés les articles 38, 51, 52 et suivans, jusque et y compris l'art. 63 du Code de commerce.

L'article 44 du même Code est rectifié ainsi qu'il suit :

« L'extrait des actes de société est signé, pour les actes publics par les notaires, et pour les actes sous seing privé par tous les associés si la société est en nom collectif, et par les associés solidaires ou gérans, si la société est en commandite. »

L'art. 7 de la présente loi sera substitué dans le texte du Code à l'art. 51.

FIN.

TABLE DES MATIÈRES.

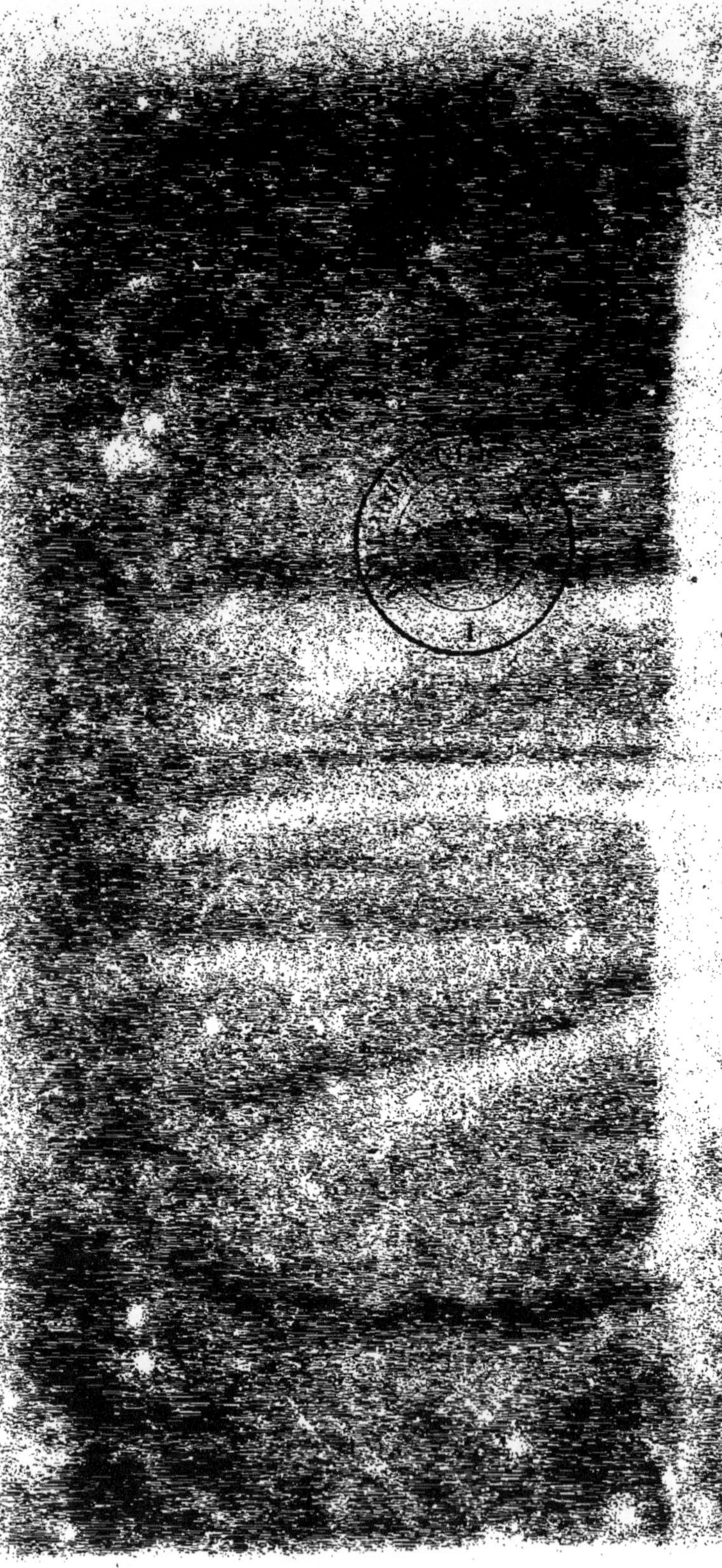

www.ingramcontent.com/pod-product-compliance
Ingram Content Group UK Ltd.
Pitfield, Milton Keynes, MK11 3LW, UK
UKHW022320070726
13614UKWH00002B/861